宇宙戦争

Endless The Begins

〔ソリトンの鍵〕

光悠◎白峰

明窓出版

協力

INTUITION

光悠先生との出遭いは、未知との遭遇

インテュイション主宰　澤野大樹

私と光悠白峰先生との出遭いは、今から六年前の平成十二年頃である。しかもこの出遭いというものが、何とも不思議な共時性に満ちていたのであった。

私は平成九年より自ら発行する『情報誌ＩＮＴＵＩＴＩＯＮ』の活動の一環として、表の世界にはなかなか登場しないスピリチュアル関連の講師を招き、講演会を主宰していた。そこにある女性が現れ、私にこう言った――

「あなたの前世のひとつに、幕末の造船技師・白峰俊馬があります」

これは、まだ光悠白峰先生と出遭う以前の話である。こうして、私の中にこの「白峰」というキーワードが認識されたのであった。するとしばらくして、また先の女性から、私のもうひとつの前世がわかったと、電話があった。

「あなたの前世は、かつて雨月物語を著した上田秋成です」

私は文学作品には疎いので「そうですか」としかいいようがなかった。江戸時代の代表的な読本として有名な雨月物語であるが、私の前世についての真偽はこの際重要ではなく、この物語の第一章を飾るのが、崇徳天皇の悲運を描いた「白峰」というタイトルであったたのだ。

こうして、身の回りに「白峰」というキーワードが突如として出現し始め、これは一体どういうことなのか？　と、思うとほぼ同時に、私の目の前に光悠白峰先生が現れたのであった。

光悠先生の印象は、出遭った当初のそれよりも、日を増すごとに衝撃度を深めていくこととなった。通常、一般的な人生を歩むのならば、決して出遭うことのないだろう稀有な人物である。何しろ神出鬼没であり、日夜を問わず、日本中を駆け巡られている。そして、私にも到底想像も及ばない日本国体鎮護に関わる裏の仕事人としての側面を遂行されておられる。

こうして、先生の著作の推薦文を書かせていただくわりに、じつは私は先生の「正体」をほとんど知らない。時々先生は私にこう語る——

「スピリチュアルな講演の仕事は、私の仕事全体の2％だよ」

先生は、かつて「白峰由鵬（ゆうほう）」の名前で活動されていた。そのとき、手書きのサインで「ＵＦＯ」と書かれた。だからあの俊敏さ、神出鬼没さは、まさに未確認飛行物体「ＵＦＯ」に由来するのではないかと、先生に質問してみたところ、どうやらまったく違うようである。

先生の語られる言葉や使われる単語など、すべてに緻密な意味が隠されている。

講演会などでは、冗談を交えた軽妙なトークをされるが、その講演の真髄を知るには、もはやいかに行間を読むかにかかっているようである。

本書は、『情報誌ＩＮＴＵＩＴＩＯＮ』が主催した光悠先生の二度の講演会、『宇宙戦争』、『ソリトンの鍵』を基に活字化し、世に放つものである。本書に書かれた内容は、既存の科学的な常識、規範、社会通念に縛られているアタマにとって、完全に理解の範疇を超越した衝撃的な内容に思えることだろう。世界の、そして宇宙の真実は、一般地球人の目に触れぬよう、完全管理下におかれているようである。これまで「取材する側」の文献は多く見受けられた。しかし「取材される側」からの情報はほとんどお目にかかれなかった。ここに、本書の重大性と貴重性がある。これより先を述べるとメン・イン・ブラックにマーク（笑）されるので割愛させていただく（それこそ、行間を読んでいただきたい）。

さて、『情報誌ＩＮＴＵＩＴＩＯＮ』主催の講演会の講師選択に際しては、じつに厳しい基準が設けられている。そんな中で、人気、情報量、パワーにおいて、トップを貫かれている光悠先生だが、ひとつ残念なことがある。時々先生と二人でお酒を飲むことがあるのだが、その席では、講演会の時に見せるあの冗談を言うユーモアたっぷりの先生ではなく、一切笑いなしの真剣モードなのである。そこで語られる内容は、決してここに書き記すことのできない衝撃的なものなのである。私はいつも、その内容を講演会でも話してもらいたいと考えている。しかし、少し考えれば、それは完全に不可能であることが理解できる。そこが何とも隔靴掻痒《かっかそうよう》であり、残念な点である。じつはもうひとつ残念なことがある。先生と酒の席で様々なお話を聞く時に、驚きのあまり返答に窮することである。私もいつか先生と共に頷きながら会話をしてみたいものです。

私が光悠先生に講師をお願いし続けている理由はここにある。多くの真実を知るが故に、決して表に出ることのない重大な情報を知るが故に、人前では笑顔で優しくわかりやすく伝えようと努められる姿。人間世界の権力闘争や政界の奸計、世の中の酸いも甘いも知り尽くした上で、尚且つ、他者に最大級の優しさで向き合うことができる。私は光悠先生のそのようなところに、大きな魅力を感じているわけである。

「一よりはじめて十を知り、十よりかへるもとのその一」

千利休が説いた宇宙根源哲学の真髄を、先生の言葉、行動の随所に感じ取ることができる。これは並の人間が到達し得る境地ではない。人はひとたび何かを知ったり得たりすれば、それを誇示し、誇りたくなるものだ。「一」から「十」に達し、一生涯「十」の先を求めようとする。そこで、自らを俯瞰《ふかん》し、元の純粋な「一」に意図して返ることを良しとするか否かが、一流とそれ以外の差である。

先生は、その「一」へ返るだけではなく、「一」に返ることによって、人生を楽しんでいるのではないか、と思えてならない。旅をしながら、芸術を楽しみ、酒を愛する。まさに騒人墨客《そうじんぼっかく》であり、**究極の風来坊でありながら、市井人にとって憧憬の的とすら思える真の「魂の自由人」である。**

私は、先生との出遭いによって、もたらされる情報の衝撃度以上に、世の中、社会に対しての心的姿勢に変化が生じた。情報の取り扱い方、人との接し方、そして「男」としての姿勢についてである。

私たちの暮らすこの日本は資本主義経済である。ならば互いに競争し、他者を蹴落とすことこそがその中心と思われた。しかし、先生と対話をさせていただくうちに、他者が気付いた時には、もうすでに到底及ぶことすら不可能な高みの境地に自己を導き上げておくことも、ひとつの道であることを教えられた。そこには付和雷同や迎合といった考えは存在せず「十」を知った自信と信念のみが唯一の相棒となる。しかし「十」の境地を知ったならば、じつは究極にあるのは孤独感ではなく、森羅万象を司る宇宙創造図書館へのアクセスコードなのだ。そして、そのアクセスコードを用いて、森羅万象を俯瞰した者が「一」へ返ったとしたら、どうなるだろうか？　想像しただけで楽しくなってこないだろうか？

世の中のビジネスセミナーでは「人と同じことをやってはダメだ」というテーマが大盛況だそうだが、大盛況のそのセミナーに出席している時点で、すでに人と同じことをやっているという矛盾にぶつかる。これからの時代に求められるのは「0」から「1」をクリエイトする能力である。「人と同じことを考えていてはダメだ」と知恵を絞ろうとするが、多くの人が「人と同じではダメだ」と考えているので、そう思った時点でもうダメなのである（笑）。天才的な働きをする人物は「どうやって人並みになれるか」を常々考える。しかし、気付いたときには超絶な偉業を成し遂げていたりするのである。潜在意識階層では「十」をすでに知ってしまった天才が、懸命に「一」を求める。これまでの世の中では、こうした一部の天才を「存在しなかったこと」にして封印してきた。来るべき宇宙中心時代においては、その封印が解かれ、表に出てくるだろう。

『情報誌ＩＮＴＵＩＴＩＯＮ』では、これまで光悠先生の単独講演会を計十回開催してきました（平成十八年三月現在）。これからも、マスメディアが決して報じない世の中の裏側の真実を紐解くための有意義な企画を打ち出して行きたいと思っております。今回『ＩＮＴＵＩＴＩＯＮビデオ＆ＤＶＤシリーズ』の中での大ヒット作を中心に、本書を出版することができました。そして、ここにこうして推薦文を書かせていただくことは、この上なく光栄なことです。光悠先生に感謝を申し上げます。そして本書を手にとってくださった方の真理探究の人生において、本書はきっとあなたにとっての何かを紐解く「鍵」となることでしょう。

光悠先生と私、そして明窓出版の不思議な出遭いによって完成した不思議な本です。私は大きな声で言いたい。「この本を推薦します」と！

平成十八年三月一八日

情報誌ＩＮＴＵＩＴＩＯＮ編集主幹
澤野大樹

はじめに

私の仕事は正直本を書く事にあらず。毎日酒を飲むことです。（笑）されど、これからの時代、未来に対する羅針盤があまりにも少なく、地球の将来を思って「地球大改革と世界の盟主」にて近未来について語り、「日月地神示」にて生命原理の大切さについて説き、話題を呼んだ。


今回「宇宙戦争」は映画の内容にあらず。

近未来小説という立場にて講演をした内容を、一冊の本にしてみた。

内容を理解できない方は、この本を近くの図書館へ5冊ずつ寄贈して頂きたい。

なぜなら貴方が理解できなくとも、近い将来この本の内容を理解し、世界平和のために活躍する**地球維新の新人類が続々登場する。これはその彼らへのメッセージとして書いたものである。**

どうしても内容をより深く理解したいのならば、夜寝る前に枕元に（頭の上に）

置いて頂きたい。

もしかしたら、夢でメッセージがくるかもしれませんよ（笑）。

映画「宇宙戦争」主演　トム・クルーズに贈る

ラストサムライ　光悠白峰拝

宇宙戦争　◎　目　次　◎

エピソード2　ソリトンの鍵（Key of Saoriton）

エピソード１　小説・宇宙戦争

プロローグ（小説は事実より奇なり）

近代科学が発展し、現代はＩＴ社会とまで言われているが、果たして人類は進化したのだろうか？　今だ石油に頼り、一部原子力によって産業を支えている。地球人類に与えられた核の炎——この炎は諸刃の剣として超古代より現代に至るまで多くの歴史を塗り替えてきた。近代科学の発展の裏には、すべて宇宙存在のサポートがある。

されど時には自らを滅ぼす歴史に、地球人は自ら協力してきた。

「宇宙戦争は地球での物語」

古代紀

アフリカ中央部の大地を調査した地質学者は、ガラス化した砂の大地を発見した。ここではかつて、高温の熱融合による核戦争があったと指摘された。

新古代記

ゴビ砂漠の遺跡調査隊は、砂漠の中心に強力な放射線と北極以南に地軸の中心があったこと、かつてこの地で核戦争によるポールシフト（極移動）が起こったことを予測。

新生代

北極と南極の氷はなぜできたか？　大西洋に浮かぶ伝説の海域に、トライアングル磁場を発見。ここが、亜空間へのスターゲイトではないかと調査された。失われた大陸、アトランティスの伝説である。

現代紀

広島・長崎の核、そして現代において、米ソ冷戦が終了しても核の恐怖は消えない。この地球の歴史はすべて宇宙存在の介入によるものである。

地球人類は、月に旅立ち、太陽系の調査や衛星の打ち上げを開始した。太陽系までの生命体調査をしているが、いまだに正式に宇宙人、地球外知的生命体の存在は発表されていない。

しかし、古代紀から現代まで人類は、宇宙人にすでに侵略されている。すなわち、宇宙戦争のドラマは現代でもこの地球を舞台に行なわれている。

エイリアンが地球で行なう生体実験……それは、宇宙戦争の歴史のカルマの清算と修復である。

すなわち、終りなきドラマの始まり──

「Endless《エンドレス》 The《ザ》 Begins《ビギンズ》!」

宇宙戦争はすでに起こっていた

本編のテーマ、宇宙戦争についてですが、まず映画の話から入らせていただきます。

皆さん「宇宙戦争」という映画を見ましたか？

パンフレットに、

「近代科学の発展には、すべて宇宙存在のサポートがある。されど人類は時には自らを滅ぼす歴史に、地球人自ら協力してきた。今ここに知られざる本当の地球史を明らかにする」

とありますが、これが今回の話のプロローグなのです。

それでタイトルを、「宇宙戦争」にしました。最初は、「宇宙戦争と地球の支配者」とか、「宇宙戦争と地球権力者の意図」とか、そういう長いタイトルだったのですが、残念ながら私は、地球の権力者でも支配者でもありませんから、そんな話はできません。だから、今回は白峰の小説版、「宇宙戦争」でお話をさせていただきます。

宇宙戦争という言葉を聞くと、遠い星や宇宙空間で戦争をしているなどと思われがちですが、実はこの地球で、宇宙戦争は今まで何度も行なわれてきています。

別に私は映画配給会社の社員でもないので、映画の宣伝をするわけじゃないのですが、ちょっと内容を紹介しますね。(トム・クルーズ主演映画)

宇宙人が地球を侵略してくるその前の段階として、宇宙人が地球の地下に埋めておいたロボットが動きだすのです。すなわち、地球侵略の第一歩として、宇宙人が来る前に、地底のロボットが動き出すのですね。

映画の中の面白いセリフに、

「彼らは地球に人間が住む以前から、地球に既に埋められていたのだ。それが出てきただけだ」

というのがありましたが、宇宙戦争のスタートは、宇宙から円盤が来るのではなく、宇宙人の作ったロボットが地底から出てくるところなのです。

「スターウォーズ」の世界では、ジュダイや連合軍が出てきますね。日本のアニメの世界でも、「ガンダム」をリバイバルでやっています。いろんな共通点を持つものを、日本のアニメでもハリウッドでも作っているということは、一体どういうことなのでしょうか。

「エリア・ナンバー52」とは

戦後60年がたち、とりあえず戦争はそれ以降、ないように思っていますけれど、みなさんに一つだけ言いたいことがあります。

まず、経済戦争は戦後60年間続いていて、日本はいまだにアメリカ合衆国から完全に独立していないということです。

アメリカには「エリア51」という宇宙に関わる秘密基地がありますが、「エリア・ナンバー52」という一般には公表していない施設もあります。

エリア51が分からない方は「インデペンデンス・デイ」という映画を見てください。アメリカの大統領さえも知らなかった、宇宙人を研究するCIA長官直属の秘密の施設がエリア51です。

それとは別の「エリア・ナンバー52」という施設、これがどこを表わしているかというと、実は日本のことなのです。

経済と金融で日本を支配するということについては、１９５０年ぐらい、トルーマンの時代から既に、日本をアメリカの属国として扱っていこうという意図があったのです。

日本にある在日米軍基地は、防衛施設まで入れると８０カ所もあるのですね。三沢の基地、座間、岩国とか、一般に知られているものも五つや六つはあるでしょう。さらに防衛基地とか、レーダー基地など、表に発表しないところを含めると、８０を超えてしまうのです。

日本が独立国と言われながら、いまだに経済、金融、軍事力において米軍の管理下にあるのは、既にそういう組織によって、独立できないように仕組まれているのですね。

私も一時は日本の首相達を批判しましたが、最近は逆に一生懸命やっているんだなと思っています。なぜなら、これ以上アメリカの言うことを聞かなくなれば、日本は大変なことになるからです。

中国やロシアは、今、共同軍事演習をしています。台湾の問題、その次は日本、色々な戦争の可能性がありますが、実はこれらの戦争も宇宙戦争の雛形として地球で起こりえるのですね（日本も米軍と協同軍事演習をしている）。

超古代から核戦争があった？

地球の、上古代紀、古代紀、紀元前、紀元後で、地質学者が、もしかしたら核戦争の跡ではないかとした場所が五ヶ所ほどあります。

一ヶ所は中央アフリカ、一ヶ所はゴビ砂漠など、とりあえず五ヶ所あります。

ある国の遺跡調査隊がアフリカの遺跡の調査に行ったのですが、ジャングルに入ったら磁石が使えなくなりました。１９８０年代でしたから、衛星電話もありませんでした。

そのジャングルで、ある場所にさしかかると磁石が狂うので、あたりを見回すと、そこの領域だけ草木が普通の五分の一ぐらいしか成長していませんでした。そこを掘り起こしてみると、ガラス状の固い岩が埋まっている状態だったのです。

そのガラス状の岩を研究所に持ち帰って分析してみると、花崗岩が6千度以上の高熱で溶けた形跡があるというのです。地殻変動の跡だとしても、マグマは2千度、

3千度ですからね。

分かり易く言いますと、6千度以上の高熱をだす核融合と同じような状態が、昔この場所にあったのではないかということです。

そして、半径15キロぐらいの領域だけ、3メートル以上の草木が生えていないいのですね。航空写真を撮ってみても分かったそうです。普通は15メートルぐらいの樹木になるはずなのに。

そこを放射性同位元素で地質調査をすると、その花崗岩が溶けたのは、何万年も前だったのです。

そうすると、こういう推測が成り立つのです。何万年も前に、6千度以上もの高熱が出るような状態を人工的に起こしたということ。

もしかすると、**超古代に核戦争があったのではないかということです。**

これをフランスのある研究者が論文で発表しました。それが一時話題になって、世界中の遺跡調査をしている人たちが、同じような鉱石がないかと、調べ廻ったのです。

そうしたら同じような所がゴビ砂漠にもありました。砂漠に井戸を作ろうとして

20メートルぐらい掘ったら石に当たったのです。砂漠に石があること自体、珍しいのですが、掘り出してみたら、高熱で溶けた石の塊でした。アフリカのものと同じように、一瞬の高熱でできたものではないかということでした。

地質調査をすると、やはり紀元前より遙かに古いのです。何万年も前、恐竜が生きていた時代に、人口的に熱を発生させて形跡が見受けられました。

つまり、超古代に核戦争、もしくはそれに類似する、原子を変換させるような武器を使ったのではないかということです。

それと、地球にはもう一つ、バミューダトライアングルがあります。そこに行くと磁気が狂うのですが、そこには、伝説の大陸、失われたアトランティスがあったと言われていますね。

その海域の海底調査でも、同じようなものが発見されました。何千度という高熱で焼かれた跡が残っているのです。

日本でも、ある場所の海底調査をしたら、エメラルド質の鉱石が発見されました。普通の石でも、高熱で溶けるとエメラルドのような鉱石に変わることがあるのです。

これはまだ発表されていませんが、与那国の先とのことです。

それも狭い範囲ではなく、何キロにも渡ってあるそうです。ただし、そこは日本の領海ではないので、日本人はなかなか手を出せないでいます。公海上の海底調査は、日本政府はタッチできませんからね。今は別の機関が調査中なのですが、たぶん2～3年たったら発表されるかもしれません。

このように、科学者が地質調査をしたことにより、既に何カ所にもわたって古代に核を使ったのではないかという、信憑性の高い仮説が立てられています。

それが事実であれば、いったい誰がそんなことを、この地球上でやったのかということになりますよね。

恐竜はなぜ絶滅したのか

恐竜は地球上にたくさんいたのに、ある時期に急に絶滅しました。環境学では、地球の大気が変わった、氷河期が来た、巨大隕石が衝突した、などといろんな説がありますが、急にいなくなったということは、この説のどれもが当たっていないということなのです。

生物学では、種族が急に消えるというのはありえないそうです。例えば、時間が経って淘汰されていったものだったら、骨など、生物学的に論証できるものが残っているのです。種が消えていくという、プロセスが分かるのですね。

忽然として消えて痕跡がない、というのは、生物学的にはおかしいのです。

恐竜だけじゃなく、アトランティスという大陸が伝説としてありますね。実際に存在したとすれば、これもなぜ、忽然として消えたのか。かつてアトランティス大陸であったと思われる場所が海底にありますが、そこの磁場はいまだにおかしいのです。

ある研究所で測定したところ、地球には六ヶ所、異常な磁気を発している場所があります。一ヶ所はアトランティスがあったというバミューダ海域です。後の五ヶ所は軍事的な機密になっているので言えませんが、とにかく六ヶ所は、バミューダと同じような異常な磁力が発生する場所があるということです。

それとは別に、歴史学者や考古学者が、もしかしたら核戦争の跡か、そうでなければ、物凄い高熱を処理したのではないかと思われる場所が、地上に五ヶ所あります。

みなさんは「タタラ」を知っていますか？　刀や武器を作るための鉄鋼ですね。出雲などに古代の精錬所があったのですが、使っている熱源は2千度前後です。現代の鉄鋼所ではありませんから、5千度とか6千度などという超高温は、タタラの技術でも使っていませんでした。簡単に言いますと、縄文時代とは違うものすごい強い火力を、超古代に使っていたということですね。

それではいったい何なのか。結論から言うと、**これは地球で行なわれた宇宙戦争の跡なのです。**

プレアデス系、オリオン系――星と星の争い

この宇宙戦争は、どこの星から始まって、どのようだったのかという話をします。

人類の起源については諸説あるとは思いますが、科学的なデータでは、東洋人、

特に日本人の起源は、ベガ、プレアデス、スバルという星にあると言われています。

それにもう一つ、オリオンが人類の発祥に関わった場所じゃないかと言われています。ですから、ベガ、リラ、それに琴座ですね。それからスバルのプレアデス系とです。その後にシリウスと言われています。

そうした、起源の星が違うもの同士が争った形跡があるのです。例えば太陽系には、「アストロイド・ベルト」という、壊れた星が星屑となり、ベルト状になっている場所があるのです。

これは昔、宇宙空間で戦争があって、核に類似するようなプラズマ兵器を使い、星を粉砕した際にできたのではないかという説があります。

もし、それが事実だとすれば、どこの星とどこの星が戦ったのでしょうか。

その一つは、簡単に言うとプレアデス系ということなのですね。なぜ、系と言うかというと、プレアデスだけじゃないからです。スバルの星に近いグループという意味で、プレアデス系という言葉が使われています。

それともう一つは、オリオンに近いオリオン系です。

この二つは、どこが違うのかと言うと、まずプレアデスは精神性、スピリットというものをものすごく大切にする星です。逆にオリオンという星は、物質に働きかけて、あらゆるものを創造する、科学に長けた星であったと言われています。このことが、超古代から地球に大きな影響を与えてきたのです。

そのオリオンの宇宙存在が地球に入植したのと同時期に、他のまるで起源の違う人たちも、地球に入って来たのです。それが、地球上でいろんな文化や歴史を創ってきました。でも合う、合わないがあって、戦争を繰り返してきたのではないかと思われるのです。

アトランティス vs レムリア

例えば、アトランティスという大陸があり、それからレムリアという大陸がありました。その前にはパンゲア大陸があり、世界にはいろんな文化があったわけですね。

実はその、アトランティスとレムリアの時代に戦争をした形跡が太平洋にあるのです。

みなさんイースター島の「モアイ」を知っていますよね？

あれだけの巨石を肉体労働で運ぶのは、ピラミッドと同じく難しいのです。当時は、石炭も原子力も電気も使っていなかった。それなのに、あれだけの石を運んで刻むということは、たいへんに不可思議なことだそうです。反重力とか、原子変換の技術がなければまずできないという識者の意見もあります。

モアイ像というのは、極性を調べると普通の石と同じなのですが、ある磁力線を当てると全部、同じ方向を向くそうです。（本当かな？）

もともとモアイ像は、すべて同じ東の方向を向いているのです。なぜ、東に向いているのか。これには、太陽信仰を持っていた島民が、太陽が昇る方に向けたという説もありますが、他にも、外敵に備えて巨人を作ったという説、つまり、敵を威嚇するためにモアイ像を作ったという説もあります。

また、あの付近の島に暮らしていたレムリア人たちが、外敵から身を守るために作った武器で、その外敵がいた方向に向けていたとも言われています。

レムリア人たちにとってどこが敵だったか。それはどうやら、アトランティスの人たちだったようです。その基を辿るとオリオンとプレアデスの星々が関係あるのではないかと思われます。

源氏と平家――両極を動かす相似象とは

日本でも、これと相似象のことがけっこうあるのですよ。

その最たるものが源氏と平家の戦いですが、源氏はオリオンの系列で、平家はプレアデスの系列なのです。源氏と平家の発祥は違いますが、平家は西国が多いですね。源氏は東国が多いでしょう。

広島の安芸の宮島には海底遺跡があったそうです。あの辺は超古代にプレアデス星人の宇宙基地があったと言われています。それからしても、平家はプレアデス系列の遺伝子、血脈じゃないかと言われています。

富士山の北、坂東の源氏の流れにはいろいろな説がありますが、源氏では「南無八幡大菩薩」を祀っていますね。八幡様というのは九州の宇佐神宮が本家です。石清水《いわしみず》八幡とか、鶴岡八幡などの、八幡という名が付いている神社の総社が、宇佐八幡なのです。

ここを調べてみますと、どうやら渡来系なのです。鉄器の武器を作るのに長けていた渡来人たちの文化が見受けられるのです。物を作る煉金のテクノロジーや、星の起源を遡ると、源氏はオリオンと関係があるらしいのですね。

そして、源氏の旗は白で、平家は赤。日本の国旗が白と赤でしょう。だから、日本民族の星の起源を遡ると、オリオン系とプレアデス系ということになります。

この二大勢力は、地球の古代の歴史上ではアトランティスとレムリアで、日本では源氏と平家です。神の世界でいえばイザナギ、イザナミになるかもしれません。

すなわち、物を大事にする方、精神を大事にする方という、両極のものが歴史を動かしてきたのです。それがうまく行っている間はいいですが、うまく行かなくなると自民党の分裂選挙のように、仲間同士でも争ったりします。同様に、同じ国の中でも、思想の違いなどのため、戦いが起こってきたのです。

このことの信憑性について、私自身でも調べてみました。元号が平成に変わる少し前ぐらいです。平成の前は昭和ですが、その昭和は源氏のエネルギーがものすごく強かったのですね。しかし、平成の御代になってから波動を測定すると、源氏のエネルギーが消えていました。

今は平成でしょう。だから平家の精神性を重んじる働きが出てきています。同時に、この平成の御代の「**内平らにして外成る**」というのは、精神性だけを重んじるのではなく、物質世界から発せられる物質エネルギーを精神性に融合し、調和して、次の世代に移すという言霊の働きがあるのです。

国旗で分かる星の起源

それぞれの国の、宇宙の起源の違いがどこに表れているかと言うと、国旗なのです。例えば、日本の旗は白と赤ですから、オリオン系とプレアデス系の融合と言えるでしょう。

日の丸に近い旗なのが、パラオとバングラディシュで、太陽が描かれているのが台湾です。それに、韓国、グリーンランドなどが丸系列です。

今度はアメリカに類する星の旗の国ですが、中国。北朝鮮などがあります。それに、トルコのように月を描いている国旗もありますが、月はイスラム教のシンボルなのですね。

そして、西欧には星が多く、東洋は太陽が多いのです。

今の地球では、月と星が戦っているのです。太陽を国旗にしている国は、戦争にはあまり参加しません。

世界中の国を簡単に分けると、次の三つが基調となります。日本のように太陽を象徴にした国、アメリカのように星を象徴した国、イスラム諸国のように月を象徴にした国です。

星を国旗にしている国は、世界中で争いが多い国です。パキスタンも月があるけど星もあるでしょう。彼らは核兵器を持っていますね。

形態学でいうと、相似象のものは衝突するのです。同じもの同士は反発しあいます。世界中で戦争を起こしているのはアメリカですが、星がいっぱいあるので戦争が大好きなのです。北朝鮮も星が入っているでしょう。中国も入っています。つまり、星の国どうしが戦争をしているということです。

なぜ、彼らが星を国旗にしているかと言うと、宇宙を起源にしているからなんですね。自分の起源の星を象徴として、国旗にしているのです。

昔、日本の国旗が外国に売られそうになったということを知っていますか？　もしかすると日の丸が、ヨーロッパのどこかの国の国旗になっていたかもしれないのですよ。まあ、その辺は神様がうまくやってくれているようですが。

月と星の戦いは、イスラムとキリスト教国の戦いということだけではなく、形象学的には、月を国旗に掲げている国と、星を国旗に掲げている国が一生懸命戦争をしている、これが宇宙で行なわれている宇宙戦争の雛形ということになるのですね。

戦いの星マース（火星）

私が言いたいのは、宇宙戦争というのはスターウォーズのように、遠い宇宙の果てで、ジュダイと連合軍が戦っているようなストーリーではないということです。**宇宙で行なわれている戦争は、この地球でも等しく同じく、同時性をもって現象化されているということなのです。**宇宙戦争というのは、この地球上でも起こってきたのです。

地球以外の星で、宇宙戦争を一番してきたところはどこかと言いますと、火星なのですね。火星のことをマースと言います。なぜ、占星術ではマースが戦いの星とされているかですが、太陽系で宇宙戦争が一番行われてきたのが火星の空域だからです。

超古代や、錬金術、秘密結社の世界では、そうした文献が残っています。詳しいことは言えませんが、戦争の傷跡が火星にあったのですよ。

昔、火星は地球と類似した星だったそうです。近年、火星が6万年ぶりに地球に近づきましたが、海があるとか無いとか言われていますね。

アーノルド・シュワルツネガー主演の「トータル・リコール」という映画では、火星に空気がありましたね。火星に関してはいろいろな話がありますが、火星に大気が無くなったのは、核兵器を使ったからではないかとも言われています。

火星は水を貯えた、酸素も豊富にある地球と同じような星だったのですが、戦争の為に現在のような真赤な星になってしまったということです。その火星と地球の間にはスターダストがたくさんあるのですが、それは宇宙戦争の残骸ではないかとされています。

核による時空間の歪み

核兵器を使うと、時空間に歪みを作ってしまうのです。日本でも、広島、長崎では、いまでも軸が左に廻っています。北半球では普通にボールを投げれば右にカーブするのですが、広島、長崎の一部では、軸が変わって磁場が狂っているので、左に曲がるということもあるそうです。

核が落とされたところで、そういう現象が見られるのであれば、他でも、同じようなところがあるわけですね。まずみなさんに公表できるのは、「ネバタ砂漠」です。ここはアメリカが核実験したところでしょう。

簡単に言いますと、地球上で核実験したところは必ず軸が狂っています。磁気も軸も空間も歪んでいます。名前は言えませんが、それを専門に調べていた大学があるのです。

時空が歪んでいる場所は地球上では海底に六ヶ所ありますが、その中の一つがバミューダです。

そして放射能の汚染で極が変わっているところは、世界で六十ヶ所もあるのです。

ということは、みなさんが生まれる前にも、地球上で核兵器を使っていた可能性があるということになるのですね。

なぜ、宇宙で戦争を起こすのかと言うと、やはり資源だったり、エネルギーだったり、食料だったりの、利害関係でしょうね。宇宙にも貨幣システムというのがあったとすれば、その奪い合いだったということです。

その中でも食料やエネルギーが乏しくなれば、絶対に戦争が起きます。日本がなぜ戦争をしたかと言いますと、欧米のエネルギー政策で孤立したからです。だから満州に行ったのです。エネルギー、食料などに付帯するものから、戦争が起きたのです。

では、アメリカはなぜイラクを攻めたのでしょう？　それは、ドルからユーロに決済が変わったからです。つまり、お金が入らなくなるから。

戦争というのは、地球であろうと宇宙であろうと、食うか食われるか、そういう切羽詰った時しか起きないのです。

国旗の「象《しょう》」から戦争を占う

世界の現状を見てみますと、以前、台湾を仮想敵国にしてロシアと中国が共同軍事演習をしましたね。将来、台湾で戦争が起きる可能性があるかどうかですが、実は国旗にその秘密があるのです。

この台湾の国旗の「象《しょう》」から言うと、台湾という国は戦争はしないと出るのです。太陽を国旗にしているから戦争はしません。でも、国旗の中に赤が入っていますので、赤というのは同じ赤に共鳴を起こすのです。だから赤い国旗の国とトラブルが起きるということがあります。国旗で占いができるのですね。

中国とアメリカはどうかといえば、同じ星を掲げているし、赤と赤でしょう。これは色からいっても、象からいっても戦争を起こしてもおかしくないです。そしてもう一つ、将軍様の北朝鮮も、星と赤が入っていますね。これも戦争の火蓋が切られるかどうか、というギリギリまで行くでしょう。

この、国旗にある星というのは、宇宙から飛来してきたいろんな民族の型を表わしています。だから多民族国家、アメリカの国旗には星が多いということもあります。

将来的には、星を背負った国と月を背負った国ではなく、星の国同士が地球で戦争をするかもしれません。形象学でいえば、北朝鮮を引き金にして、中国とアメリカが戦争をするというシナリオが描かれやすいです。

台湾はどうかというと、星を掲げていませんね。だから、ギリギリのところで日本や、東南アジアの国に守られると思います。

風水でいうと、台湾という国はすごく大事なのです。日本列島を龍体とすると、福岡から龍の角が出ていますが、そのすぐ先が台湾なのです。

日本列島は、台湾まで入れると安泰します。たとえば、台湾を日本と同一の国だと考えると、東シナ海まで守れるのです。

ここには尖岳諸島とか石油とか、いろんな問題がありますが、日本の国防上大事なところだから、中国が一生懸命狙っているわけです。

繰り返しますが、宇宙戦争とは何も宇宙の果ての何百光年も離れたところで起きてきたことではないのです。今までの地球の歴史でも起きていたのですね。

そして、今現在の地球上でも、星を掲げる国と月を掲げる国とが戦いをしています。それ以上に、星を掲げる国同士で戦争になるという事を、形象学の相似象で説明させていただきました。

でも、本当は世界平和を実現するために、星の国は星同士、太陽の国は太陽同士、月の国は月同士でまとまらなければなりません。そうすると、世界は三極で安定します。

これで、アメリカ、ヨーロッパ、東南アジアという単純な地理ではなく、国旗で分けられることがお分かりになったかと思います。起源が同じだからこそ、同じ象徴を使っているわけですからね。現象学では、無意識的にそうなっているのです。

宇宙人と地球人が協力している地球防衛軍

ところで、もし宇宙戦争が地球で起きているのなら、国連のように戦争を止める組織がないのかと考えたことはないですか？　そういう組織は実際にあります。政府機関ではありませんが超法規的な組織なのです。（科学忍者隊ですね）
それについては、エハン・デラヴィさんが「ウイングメーカーの秘密」と題してセミナーをされたりしています。ウイングメーカーというのは、タイムトラベルをして、未来の地球の危機を回避している宇宙存在と共に作られたエージェント・グループです。宇宙人と地球人が協力して作った地球防衛軍なのですね。

私とエハンさんとで「ウインドメーカー」という組織を作りました（笑）。いっしょに風を送り込んで、この日本を変えていこうということです。

（宮古島でまず、ウインド・サーフィンを始める予定です・笑）

火星のドラゴンと太陽のドラゴン

今、火星のドラゴンと、太陽のドラゴンが地球に大きなアクションを起こしています。**太陽のドラゴンとは太陽フレアのことです**が、その影響もあって、地球の環境がどんどんおかしくなってきています。

それから火星が6万年ぶりに近づいたことで、これまでの常識が通用しない世界になってきました。地球のシューマン振動（地球の電磁気場の振動リズム）が変わってきたのは、太陽フレアやフォトンの影響のみではないのです。火星が地球に6

万年ぶりに近づいてから、地球の磁気がおかしくなってきています。

西洋では火星はマース、戦いを意味していますが、**占星術では火星が地球に近づくと、戦争、抗争、内乱が起こりやすいと言われています。**

中国とアメリカの対立の問題だけじゃありませんよ。宇宙にある太陽と火星の影響で、この地球に、食料危機と、天変地異と、ノイローゼが増えてくるのです。それらを原因として、三次元的には星の国同士が衝突して、戦争が勃発する可能性が高まってきています。

太陽の国旗を掲げる日本の役割

宇宙には、何千億もの星があると言われていますが、地球と類似した星は、宇宙空間には他にはありません。ヒューマノイド（人間型）の体を持って、酸素を吸って二酸化炭素を出し、生命を維持、老化していくシステムを、あたかもコンピューターに入力されたように設定されているのは、全宇宙の進化の図書館としての地球です。

オリオンとプレアデスの話をしましたが、ゼーターレクチル、俗に言う「グレー星人」がいますね。ゼーターレクチルが一番多いのは、東洋人です。どこの国に一番多いかといえば、中国なのですね。

中国にはだいたい、十三億人が住んでいますが、ゼーター系の影響を受けています。東南アジアの黄色人種で、共産圏の国ではグレーエネルギーが強いのです。

日本人の場合はプレアデス系が強かったのですが、後に大陸から他の星を背負った民族の人たちが入ってきました。その結果日本は、宇宙の起源が違う、民族の起源も違う、いろんな種族の人たちが融合された文化を持つようになったのです。

日本という国は、日の丸の国旗でなければ成り立ちません。もし、日本がアメリカのような星の国であったり、イラクのような月の国だったりしたら、戦争になってしまうでしょう。

エネルギーから言えば、太陽が一位、月が二位、星が三位です。一番が太陽ですが、これを大日如来で表現しています。次は月で、最後が星なのです。

だから宇宙の序列から言いますと、**太陽を国旗にしているのは日本だけですから、この国が世界の中心にならなければいけないのです。**

宇宙の変化と地球環境の関わり

そして、宇宙空間にある星は月から生まれたものなのです。だから月星とは言うけど、星月とは言わないでしょう。月の息吹がエネルギー体となり、銀河に伝播していって物質化し、輝くようになったのが星なのです。

古代の宇宙には、太陽と月しかありませんでした。だから、日月神示というのは宇宙の創造原理なのです。日月神示はあるけれど、日月星神示はないでしょう。星というのは一番最後にできたものだからですね。

２００４年はガンマーバーストがあり、太陽の百五十万倍のガンマー線がでましたね。その影響でスマトラ地震が起きました。

それから１９８７年に、マゼラン星雲の超新星爆発があったのです。その後、ニュートリノが地球で観測されました。これらは宇宙空間の星の現象なのですが、それに連動して、地球でも必ず何かが起きるのです。この頃、地球では何があったか？　ブッシュの父ちゃんがイラクで湾岸戦争を起こした時期なのです。

つまり、宇宙で何か変化が起こるときは、地球の環境が変化します。それが地震や抗争や戦争ですが、ほぼ同時期に起きるのです。株の相場もそうなのですね。月や星の影響を受けています。

密教では宿曜星術と言って、七曜九星、二十八宿という星があります。これは星の「象」を見るのです。

私は預言者ではないので、あまり先のことは言いませんが、北朝鮮の問題は大丈夫です。なぜかと言うと、北朝鮮の裏にはアメリカと中国がいますが、お互いに綱引きをしていて、そのバランスが崩れない限りは大丈夫だからなのです。ただし、ロシアと中国が、北朝鮮を動かして何かをやろうと思った時はまずいかもしれません。

ただ、北朝鮮よりも台湾の方が、軍事的、資源的にも問題があります。台湾というのはものすごく小さい国ですが、スイス銀行の次に金《きん》を保有しているのですね。アジアで一番金塊を持っているのは台湾なのです。

アメリカのドルは全部、紙でしょう。金本位というのは東南アジアだけなのです。その表のセンターがシンガポールで、本家本元が台湾です。

住友金属鉱山という会社がありますが、台湾で地震があったときに株価が下がりました。なぜ、台湾で地震があって株価が下がったのか？　住友金属鉱山は金の鉱山を持っていますが、台湾に地震が来たときに、世界中の金の相場が一時、全部下がりました。

そして、アジアのシリコンバレーと言われているのは台湾なのですね。ＩＢＭという会社は、台湾が無ければ持ちません。それだけ重要なのです。

風水的には、日本という龍体が持っている、玉の一部にあたります。すごく大切な場所だから、アメリカは台湾を守るためもあり、日本に駐留しているのです。日本がお金を出しているので、日本も守っていますけれどね。

アメリカが、国家戦略や地政学など、いろんなことから検討すれば、絶対に台湾を中国には渡しません（沖縄とハワイ諸島も風水学では重要です）。

台湾と中国のどこが違うかといえば、台湾は「華僑」の国なのですね。ユダヤ人のように、自分の国を持たないで世界で経済活動をしている中国人を華僑と言います。十数億の中国人が全部、華僑ではないのです。

華僑の中でも位の高い人を「客家」と言いますが、この人たちはみな、台湾族です。華僑の表の都市はシンガポールで、中心が台湾なのです。シンガポールのリークアン・ユー首相にしても、客家の出身です。だから中国が台湾と戦争をすれば、下剋上になってしまいます。

自分たちの国を支えてきた華僑民族と戦うというのは、自らの自立ということでもありますが、豊臣秀吉が明の国を攻めたのと同じことになるのですね。

実は、秀吉は日本人ではありませんでした。大陸から渡ってきた忍者だったのです。信長に気に入られて政権を取ったのですが、自分の経歴を消したいということで、明に攻めこんだのです。これは秀吉の自立であり、下剋上でもあったわけです。徳川幕府も明王朝が作ったものですよ。日光東照宮は、明らかに日本文化の造りじゃないでしょう。明の文化なのです（明智光秀はやはり天海かもね）。

パワーとフォースの違いとは

「パワーか、フォースか」と言いますが、パワーの方が大事だということですね。でもスターウォーズの映画では、ヨーダやジュダイが出てきて、フォースというでしょう。その世界では、パワーじゃなくてフォースの方を大切にしていますね。

でも、地球では逆なのです。地球ではパワーなのです。パワーとフォースの違いですが、**物に働く力をパワーと言います。空間にエネルギーを与える力をフォースと言います**。だから、宇宙と地球では価値観はまるっきり逆なのです。

昔、火星にも地球モドキがありました。しかし、核戦争による放射能汚染、それから核以上のプラズマ兵器を使ったために、火星があんな大地に変わったという事実だけは、憶えておいてください（されど太陽系の星には水があり、生命の痕跡がある）。

みなさん、火星には地下政府があるのを知っていますか？　細木数子の火星人じゃありませんよ（笑）。

私が地方講演で細木さんの話をしたら、その信者さんからそんな悪口を言わないで下さいというファックスが来ました。（私が書いた温泉風水本もよく売れてるが・笑）

私はこう言ったのですよ。三宅島で噴火がありました。三万人が避難しました。その中には大殺界も居たし、運勢が非常にいい人もいたと。新潟地震でも然りだと。

でも、その場にいた人には、起こった地震は同じで、大殺界なのに無傷な人もいたし、運勢がよいのに大きな被害をこうむった人もいたでしょう。

だから占いよりも、自然現象の方が影響があるのではないですかと言ったのです。

けっして、細木さんの悪口を言ったわけじゃありません。そのファンの人から「因みに白峰さん何人ですか？」と言われて、「俺は宇宙人だよ」と言ったら、「そんな星はありませんよ。木星ですか、金星ですか、火星ですか」というから、「何、言っているんだ」と答えました。（笑）

六交占術とか六曜占術などという占いがありますが、これらは本当は十二なのですね。これを二つに割って六です。裏と表がありますからね。これが地球上の一つの周期です。**（すなわち六とは生命素数を表し６６６とは天地人の三界の生命素数なり）**

でも地球のシューマン振動が変わってきたし、マヤ暦にのっとり、１年を十三ヶ月として生活している人には、六曜占術が通用しません。

ちなみに、風水術で、なぜ、西が金運を司るかと言いますと、太陽は東から昇って西に沈むということによる、地球の磁場と関係があるのです。

西日が強いとどうなりますか？　普通は西日が入るのはあまり歓迎されませんが、西日が部屋に入ると全部、黄金色になるでしょう。

西日は黄金を表わすことを、憶えていてください。だから、黄金を表す黄色い色が金運アップに良いのです。金運とはお金を持っていることじゃなくて、本当はゴールドを持っているのが金運なのですね。（女性も男性にもてたいなら金を持つべし）

私の財布は鳳凰の姿を入れた、二十三金バリです。お金を貯めるためには、ゴールドを持たなければなりません。世界中で通用するのがゴールドです。

ゴールドをパウダーにしたものには、重力の場を変える力があります。それだけではなく、人間の感情の毒素を排泄して、免疫力を高める力もあるのです。だから、健康のためにもゴールドを持っていると良いですね（不老不死や、空間重力を変えるために、クレオパトラや神智学では金を白金〈ゴールデンパウダー〉として使っていた）。

宇宙戦争にはいろんな要因があると話ましたが、宇宙で起きることも、地球で起きることも、その要因は同じなのです。「上の如く、下も然り」ですね。エネルギー問題、食料問題、領土問題、それから星の違いから来る性格の不一致です。愛し合って夫婦になっていながら、なぜ喧嘩するのか？　その時はこう言って下さい。「星の違いだね」って（笑）。

驚愕の論文、「サード・ミレニアム」とは？

未来から見た地球の将来ですが、１９８５年にアメリカで発表された、ブライアン・スティーブンの「サード・ミレニアム」という論文があります。簡単に言いますと、西暦２０００年のセカンド・ミレニアムから、来たるべき３０００年のサード・ミレニアム、すなわち千年後の３１世紀の世界から、今の世の中を逆に見るという内容になっています。

その論文には、２０８４年に日本は沈没するのではないかと書いてありました。日本列島が割れて、まず四国が海の中に沈没するということです。戦争によるのではありません。地殻変動です。

最近、これが2084年から2037年に訂正されました。それがさらに訂正されて、2037年が2020年になってしまう可能性が非常に高いのです。

この論文には18の秘密の項目があり、その中に面白いことが書いてあったのです。将来、宇宙人の干渉により、それまでの地球の文化が終焉となる可能性が非常に高いということです（オフレコです）。

分かりやすく言いますと、宇宙人の干渉によって、地球人の生活環境がまるっきり変わるということなのですね。それのタイムリミットが2020年となっています。そうすると、後、15年ぐらいですね。

私が書いたのではありませんよ。偉い大学の、シンクタンクの人が書いたのです。シンクタンクって分かりますよね。大学の学者などのブレーンになる人たちですね。その人たちが、2020年までに、宇宙人の介入がなければ地球は成り立たないだろうと言っているのです。

彼らは、砂漠化、水不足、食料不足などの環境の問題が、一番深刻だと言っています。これがなぜ、宇宙戦争と関係があるのか？

先ほど述べましたように、食料が無くなって戦争をする。エネルギーが無くなって戦争をする。領土が無くなって戦争をするわけです。

環境の問題が戦争の原因になり、宇宙人の干渉があるだろうということなのですね。宇宙で起こっていることが、同じように地球で起こっているわけですから。

現在は、百年前に比べて六倍も水を使っています。もし、地球の人口が９３億に増えたら、７０億の人たちの水が不足します。

地球の人口は６４億と言われていますが、あれは嘘ですよ。中国には隠れている人がいたり、さらに、戸籍などに登録がない宇宙人も、地球に住んでいます。この人はオリオン人です、あの人はプレアデス人です、というように人口を数えたことがあるでしょうか？　ないですよね。人口統計には宇宙人は含まれないのですね。

人間の格好をしている宇宙人も入れて、私の計算ではすでに、７０億人はいると思います。そうすると、９３億までは、あと２３億でしょう。

中国で一人っ子政策なんてやっていますが、お金を渡せば関係ない世界なのです。子供が十人産まれても、役所に登録するのは一人だけです。あとの九人は、戸籍上は存在しないのです。お金を渡せば、十人いても一人っ子なのです。

防衛白書にも書いてありますが、中国の人民解放軍の数はデタラメです。本当はどれくらいの人口がいるかを調べるために、アメリカがただで携帯電話を配りました。

今は七億台しかないのに、ある方法を使って調べると四〇億回線を使っている計算になるのです。機械が七億台しかないのに、数が合わないでしょう。つまり、一台を六人が使っているということなのですね。

東京のウイークリーマンションで、申し込みは一人だったのに、部屋を開けたら六人の外人が泊まっていたという実話があります。それと同じように、中国では、国策であえて隠している場合があるのですね。（タンス預金と同じ世界ですね）

あるシミュレーションでいくと、今、人口の実数は70億くらいですから、後20億増えるのは20年後です。ということは、20年後には、70億の人が満足に水を使えないということになります。

日本でも、四国ではまだ水不足があります。四国には、霊場があんなにたくさんあるのに、雨一つ降らせられないのかと思うかもしれませんが、今の宗教にはそん

な力はありません。（空海さんより長渕剛に雨ゴイコンサートでもしてもらうといいです（笑））

現実問題として水がないと大変ですよね。７０億人の水が不足すると何が起きると思いますか？　水を奪い合って、戦争が起きるでしょう。

地球外移住への可能性

サード・ミレニアムという論文の一番目の問題は、近い将来に地殻変動が起きて地球規模で環境がおかしくなる。そして最後は宇宙人の介入があるということです。二番目は、百年前に比べて六倍も水を使っているということ。人口が９３億になったら、７０億の人が水不足に困り、それが戦争の原因になるということです。三番目は、火星と月に移住する計画があるのですが、これは、太陽のフレアが強くなって、黒点の１１年周期の活動が壊れてきていることによります。

太陽の輝きは、四十年前と比べて１千倍です。プラズマが2・3倍、格段に増えているのです。地球以外に住める星はないのかということで、アポロ計画で月に行きました。火星にも行きました。

ところが、火星に行ったら火星人がいたのです。発表していませんが、地底にものすごい都市がありました。じゃあ、火星人はどういう姿形かというと、タコみたいなのですね。火星に行った軍人が、辞めた後に漏らした情報を基に、映画が作られているのです。

だから、エイリアンというと、頭のでかいタコ星人が描かれたりしているでしょう。実際に火星には、ああいうタコ星人がいたのです（大阪のタコ焼きは火星人が作ったかも・笑）。

それから、月にも行きましたね。あの月の映像は、スタジオで撮影されていましたが、実は、月には本当に行ったのです。でも、宇宙人がいたから戻ってきたのですね。それでハリウッドの指揮で地上で撮影しました。

つまり、宇宙人がいて、人間は地球外には住めないということなのですね。

三十億円ぐらい出せば、今でも宇宙に行けるでしょう。でも、太陽系の星には先住民族がいるのです。月には月の住人がいるのですが、こちらから見える月の裏側に住んでいます。その人たちは人間に近い姿をしているそうですが、太陽光線を浴びていないので青白いということです。地球人と同じ人間みたいな姿だけれど、明らかに違うという感じだそうです。

1963年に、アメリカの特殊部隊がミッションを受けて月に行きました。宇宙人の円盤ではなく、ヒトラーのナチスが作った円盤で行ったのです。つまり、メイドイン地球の円盤が、1900年代に既にあったのですね。

今だにスペースシャトルなどを作っていますが、40年、50年前には、陰の世界政府が、人間が乗れる円盤を作っていたのです。それに乗って月まで行きました。そして、月のこちら側を調べたら誰もいなかったので、住めるかなと思ってアメリカの旗を立てました。けれども、その後で裏側を偵察したらとんでもなかった。お前たち出ていけと月の住民に追い出されたというのですが、すごいですね。

つまり、もし地球人が月や火星で暮らそうと思ったら、宇宙戦争になる可能性が高いのです。逆の立場になれば、地球に宇宙人が来るわけですから、これも問題でしょう（雑誌「ムー」では日本のロケットが月に行っていたと発表しています）。

四番目は地球の砂漠化です。これも大きな問題です。1991年のデータでは、アフリカは30パーセントが砂漠化していました。アジアは36パーセントです。

今は、これが40〜45パーセントを超えているそうです。ということは、5年から10年たったら、50パーセントを超えるでしょう。

50パーセントを超えると、気流や海流の流れが全部変わってしまいます。どうして、こんなに砂漠が大きくなったのか？

1970年代から石炭や石油を使って、大量に二酸化炭素を排出した結果かもしれませんが、それにしても砂漠化のスピードが異常に速いでしょう。

これを積極的に進めている存在がいるのですが、どうやら火星人が地球を砂漠化しているようなのですね。火星と似たような環境に、地球を作り変えようとしているのではないかということです。

水不足、砂漠化、食料危機などの環境問題から戦争状態になる。月や火星に行っても、先住民がいる。だから、とりあえずは地球から出られません。霊体では行けるかもしれませんが、肉体を持って行けば、宇宙でも領土問題があるのです。

日本の食料事情の行方

そして、食料の自給率は、アメリカが124パーセント、フランスが137パーセントありますが、中国は76パーセントしかないのです。でも中国はその中から、36パーセントも輸出しています。つまり、自分たちは食うものも食わないで外貨を稼いでいるのです。

その輸出している分の70パーセントは日本向けです。戦争になれば、この食料がストップします。

東京都は今、自給率は1パーセントですが、これもあやしいもので、0・3〜0・5パーセントになってしまうかもしれません。東京都の人口は1300万人ですが、食料自給率を0・3としたら何人の人が食べられなくなると思いますか？これも、戦争拡大の要因になるということなのですね。

スマトラの地震は、広島の原爆の2万倍の規模でした。破壊力はマグニチュード9だったそうです。例えば、アメリカと中国が戦争をして、2万発の核原爆を使ったらどうなると思いますか？　それくらいすごいエネルギーだったのですね。

スマトラ地震の実際の犠牲者は、もっと多いのですよ。報道規制して犠牲者の数を世帯数で発表したのです。家族が八人いても、一人としてカウントしたのです。

だから、本当の犠牲者の数は、発表された数の十倍ぐらいでした。八万人亡くなったといっても、事実は、八万世帯に影響があったということなのです。

もしこれが中国の北京で起きたらどうなるか。ニューヨークで起きたらどうなるか。イスラエルで起きたらどうなるか。イスラエルだったら、周りの国が攻めてくるでしょうね。

もし、東京だったらどうなるのか？　震度9で2万発分の核爆弾の破壊力ですよ。東京の三分の一は灰になります。首都機能は完全にマヒします。そうなったら、どこかの国が攻めてこないとも限らないでしょう。これが現実なのです。

「隣《となり》の貧乏、鴨《かも》の味、雉《きじ》は鳴《な》いたら撃《う》たれたよ」じゃないけれど、スマトラだから関係ないと思っているかもしれませんが、これがもし日本に来ていたら、2万発の核の破壊力ですよ、恐ろしいでしょう。

今後、地球規模の天変地異、そして石油も再び一切輸入できなくなったら、30パーセントの自給率はもっと下がり、大変なことになる可能性があります。

石油財閥「セブンシスターズ」とは

今はフリーエネルギーがあるでしょう。それなのに石油の値段があんなに高くなったのはおかしいと思いませんか？　水素だ、太陽だ、燃料電池だと、出れば出るほど石油の値段が上がっています。例えばヘンプ（麻）の話をすればするほど、大麻で捕まる人が多くなるのと同じです。

原因は、石油を使わせているグループがいるからです。彼らは「セブンシスターズ」と言われていますが、これには「セブンスターズ」、七つの星という意味もあります。つまり、宇宙から流れてきた種族が、石油を掘って使わせているということなのです。

これ以上、地球で化石燃料を使っていると、女性でいったら更年期障害になり、低血圧になってしまうのです。中東の石油は、もう少しで無くなるのですよ。

ガリヤレポートでは一時、石油は無尽蔵にあると言っていたのですが、地殻変動で急に止まったりして、おかしくなっています。

次に石油が出るのは、韓国と日本の間の日本海や、中国と揉めている尖岳諸島の周辺です。あと２０年もすれば、石油の宝庫になるでしょう。将来、アラブから石油は産出されなくなる可能性が十分あります。

温泉もそうです。なぜ、白骨温泉で入浴剤を入れていたかと言うと、温泉が出なくなったからでしょう。地震などで地殻変動があったからなのですね。石油もそうです。予想では、百年から2百年はもつと言われていますが、埋蔵量と実際に掘れる量とは違います。

石油を使わせている、宇宙から来た彼らには、フリーメイソンの中の「イルミナティ」という位置付けがあるのです。

フリーメイソンの陰謀説などは古くからありますが、彼らは、そんなにおかしい組織ではありません。そんなに力もないですし。本当に力があるのは、イルミナティだけなのです。

なぜ力があるかというと、**イルミナティは宇宙人の集団だからです**。イルミナティとは、イルミネーションのように「光り輝くもの」という意味ですが、宇宙から入植した人たちをイルミナティと言っているのです。その下で働く人たちが、フリーメイソンなのですね。宇宙人の斥候集団だったのです。

古代、フリーメイソンは「尊（命）」の集団だったのですが、イルミナティに占領されてからおかしくなりました。このイルミナティが世界政府を作って、石油や食料をすべて押さえているのです。

彼らは七つの星で象徴される、「セブンシスターズ」と呼ばれている石油の財閥なのですが、その正体は宇宙人だということです。彼らが地球で石油戦争をやっているということは、地球に入植した宇宙人が、代理戦争をやっているということになります。

フリーエネルギーにしたい、燃料電池にしたい、水素に変えたいと、やればやるほど石油の値段を上げて、逆に石油の希少価値を高めようとしているグループがいるのです。

彼らはこの調子で2015年ぐらいまで、あと、十年ぐらいは石油で行きたいと思っています。でも、2020年になったら石油は使えなくなります。宇宙人が直接、地球に干渉してくるからです。その前に使い切ってやろうとしているのです。でも、地球から石油を汲みすぎると、地球が冷えきってしまって、氷河期になったりします。

ほんの一握りの、イルミナティのような人たちが、世界のエネルギーと食料を握っているということ、彼らは人間ではなく、星の世界から来た人たちだということ、ここを理解する必要があります。

よく、こんなことを言う人がいます。「キリスト教でも神様がいる、仏教でも仏様がいる、神様、仏様がこんなに多いのに、なぜ、戦争が終わらないの？」と。でも、日本だって神様を立てて負けたのです。アメリカは自由の女神を立て、日本は天照を立てて戦争をしたのです。

アメリカの自由の女神はイザナミです。白山の菊理《きくり》姫なのです。神格からいったら、天照より上の神様をアメリカが立てていたから、日本は負けたという説もあります。

それは一つの説ですが、実際には、エネルギーと食料を支配していたグループがいたということです。

彼らは、地球を砂漠化し食料危機においやって、戦争を引き起こして金儲けをしているのです。しかも、彼らは金儲けというよりむしろ、遊んでいるのですね。チェスをやっているようなものです。

例えば、ある会場に人が多くなってくると、五人ぐらいは帰ってもらおうとか、後ろの人はずっと後ろではかわいそうだから、そのうち前に来てもらって、前の人は下がってもらおうとか、そんなことを地球の中でやっているだけなのですね。

彼らは、お金がなければ作ればいいのです。印刷すればいいだけです。彼らの言うことを聞かなければ、攻めて占領すればいい。こんな楽なことはないでしょう。

そんな風に、地球の歴史はいじくられてきました。

ヒューマノイドの宇宙神

そして、ニビル星人と言われている「アヌンナキ」ですが、彼らが地球に降りて神の如く振舞い、人間にテクノロジーや知恵を与えて、エジプト文化などに関与してきたのです。彼らは地球人から「エロイム」と呼ばれていました。

なぜ、エイリアンが地球に来ているかというと、銀河系で唯一、地球だけが銀河連合から入植を許された場所だからです。

地球は、スイスのような永世中立国で、どこにも属さないのです。だからそこに住んで自由にやっていいことになっています。そういう領域が地球《ちだま》という星なのです（そして宇宙の生命図書館としての役割もある）。

オリオン星人だったら、オリオンにいればいいじゃないですか、プレアデス星人だったら、プレアデスにいればいいじゃないですか。なぜ、地球に来たと思いますか？

その理由の一つは、宇宙戦争によって、彼らには自分の住む場所がなくなったということがあります。

それから、彼らには、ヒューマノイドの神様という伝説があるからです。

そのヒューマノイドの宇宙神に会いたくて、地球に捜しにきたのです。そして、ヒューマノイドの神の意識に近づけたり、神の如く自分たちを進化させたくて、実験を重ねてきました。

宇宙の中で、この地球だけが宇宙の図書館であり、何でも許される場所なのです。だいたい、6億年から250万年前に、地球をめがけて全宇宙からそうした存在がやって来ました。

あまりにもおおぜい来たので、地球に入り切れずに火星に行ったり、太陽系のほとんどの星に、散らばって住んでいたようです。そこでまた、戦争をやってしまったのです。

1万5千年前に、五十種類の宇宙人が、今のアメリカ大陸に星から降りてきました。それが、星条旗の発祥の起源ですが、宇宙の種族が五十種類もいたのですよ。その証が、アメリカの国旗の星の数なのです。

あるところにある組織の幹部に会うと、アメリカ建国の本当の秘密を、直接、口伝で教えられます（宇宙からの訪問者により地球は発展したと）。

地球そのものが、宇宙の種族が植民できる自由空間として許されたのですが、アメリカも多民族国家でしょう。地球とアメリカは相似象なのです。

日本の国旗は日の丸でしょう。太陽ですから、日本は神の国なのですね。仏教を起こしたのは、月から来た人です。星から来た人が、エロヒムです。

月と星の間でも戦いがありました。すなわち、全宇宙のリアリティのあるドラマを、民族間の戦争という形で全部表現されているということです。

ヒューマノイドの神様という伝説をもち、地球人に神の属性を見出そうと宇宙人が訪ねてきているのですから、太陽、すなわち神の国旗を持った日本は重要なのですね。

みなさんは、宇宙人が牛の内臓をとったり、プレアデス星人が人間の遺伝子操作をしたりしているという話を聞いたことがあるかもしれません。

可能性からいえば、プレアデス星人より、人間の方が優れているのです。人間は、あらゆるものを学び、あらゆる進化と体験ができるからです。

あるときプレアデス星人は、このまま百年もすれば、地球人は自分たちを超えるのではないかと恐れを抱きました。だから、人間の遺伝子操作をしたのです。そして宇宙の秘密を全部、秘密結社の神智学という形で伝承しています。一般の人たちには、絶対に教えないようにしているわけです。魔境とか魔術という世界になっていて、絶対に触れられないようにしてあります。

密教の世界でも、星の伝説という形で伝わっていることがあるのです。でも、これは普通の人には絶対に教えません。阿闍梨とか、大僧上になって初めて口伝として伝えられるのです。

つまり、宇宙人にとって地球は、何でも許されたＯＫ牧場だということです。地

球は、進化のドラマの舞台として許された、宇宙の領域だからです。

宇宙人が、地球に移住した大きな理由は、ヒューマノイドの神という伝説があり、地球に来れば神に会えると思ったことが一つ。

もう一つは、光をまとった宇宙存在から、肉体を持って最大の進化をしてみなさいという命令があったのです。だから、この地球の空間には、神と言われるものも、仏と言われるものも、宇宙人と言われるものも、魔と言われるものも、すべてあるのですね。

魔界の起源を言いましょう。魔と言われるものが発祥したのは、月でした。月の精、月のエネルギーからできたものが、俗に魔と呼ばれています。

そして、宇宙のブラックという魔と、地球の魔とは違うのです。宇宙の黒という魔は、白と黒という陰陽で、作用と反作用です。一方、地球の魔というものは、白にも黒にも属さない、エネルギーとして測定できないものを魔と言ってきました。

本来、魔とは「間」だったのです。白にも黒にも属さない「間的」なものが、「魔的」になり、一人歩きして魔になったのです。

例えば世界政府という場合。国連じゃありません。イルミナティの中に世界政府があるのです。これは、宇宙人の政府なのです。だから、地球人も宇宙連合によって宇宙人と対等にならなければダメなのです。そうしなければ、本当の世界平和はきません(彼らも近い将来、本当の日本の役割を援助協力するでしょう)。

アメリカと中国が仲良くなって、イスラエル問題が解決し、通貨問題、食料問題が全部解決したとしても、最後に民族問題は残るでしょう。神、仏、宇宙人の三者が統合されなければなりません。

根元的な宇宙存在の序列と日本の起源

順番は、神、仏、宇宙人です。宇宙人より仏の方が上、仏より神の方が周波数が高いので上なのですね。だから、神でなければ地球はまとまりません。地球がまとまれば、宇宙のすべてがまとまるのです。全宇宙が一元化できるのです。

でも、星の連中は、月や太陽の奴らに頭を下げたくないのです。

なぜ、アメリカでは宇宙的な問題が多いかですが、彼らは神様を祀っていないからなのですね。

日本は神国でしょう。日本には結界が張ってあって、神国としての働きがありま す。でも、日本でも信仰心がなくなって、おかしい連中が増えています。カルトな 教団とかね。

この地球上で、神様が一番多いのは、ここ日本でしょう。ですから、この国が世 界の中心にならなければいけないのです。日本人は、太陽民族としての意識を持た なければなりません。

我々、日本人の起源は、遠くの星から地球に来た時に、神に似せて作られたもの です。すべての伝説や、神話として生まれてきたものなのです。だから、日本人こ そが世界の中心にならなければいけません。これを、はっきりと認識する必要があ ります。

古代天皇は、天《あめ》の浮船という円盤に乗って来た、世界を統《す》べる天皇だったのです よ。日本の国旗は太陽であり、日月神示は太陽と月。天皇家の皇祖は「天照」と 「月読」でしょう。星じゃないのですね。でも、星は星で一生懸命頑張っています。

食料、燃料、国境、民族、などなど、いろいろな問題がありますが、もし、本当に世界平和を実現させるのなら、根元的な宇宙存在の序列を、きっちりとしておかなければなりません。

インドでも、核戦争があったという歴史があるのですよ。ブラフマンとアートマンの戦いとか、シバ神とビシュヌ神の戦いとかね。

シバ神は、核を作った神様と言われていますが、日本でも国常立《くにとこたち》の神は核を作った神様です。地球の核帯を固めた神様なのです。もし核帯が割れたら、核が融合して、ものすごいエネルギーが出るのですよ。核兵器は、もともとは人間が作ったものではなく、神様と呼ばれていた宇宙存在が作ったものでした。

今後は、まず星同士の戦争があり、それが終わってから、次は星と月で戦争になるかもしれません。それが、イスラムと欧米の戦いになるでしょう。

宇宙という視点から地球の歴史を見るとおもしろいでしょう?

太陽系のニュートラル・ポイント、金星

さて、この太陽系で、唯一のニュートラル・ポイントがあるのですが、それは金星です。金星は「明星」と言うでしょう。すなわち日月の星なのです。

太陽と月と星のバランスを取っているのが金星になります。だから、地球人がアセンションや意識改革をするとき、必ず金星のエネルギーが、地球に影響を与えます（地球人類の進化には金星がとても影響しています）。

京都に鞍馬山があります。御本尊は金星から来た「護法魔王尊」で、地球霊王と言われていますが、金星から来たのになぜ、地球霊王なのかと思いませんか？　それから何故、魔王尊なのでしょう？　そして、なぜ、寺で祀っているのでしょう？

実は、あまりにも力のある魔的な働きがあったから、魔王として寺で封印されていたのです。

６５０万年前に、金星から「天狗」が来たという伝承がありますが、鞍馬寺で６５０万年前を測定できるわけないでしょう。それは伝説ですが、でも本当は、それは宇宙存在だったのですね。

宇宙から来て、力のあったものは魔と呼ばれていました。日本でも、物に作用する力を持った「物部」とか、「タタラ」の一族は、鬼の一族と呼ばれていました。

アメリカの星条旗は、宇宙存在の合衆国だということを表わしているのですが、中国も2012年ぐらいになったら合衆国になるでしょう。一億人ぐらいで一つの国や州にして、12や13のブロックに分けて連邦制になります。そのために、上海などのブロックが、すでに分けられているのです。

宇宙人の勢力の影響

ところで、今、地球で最も影響力があるのは、四十パーセントを占めるグレー星人ですが、日本での宇宙人の勢力は、次のようになります。

1、プレアデス（女性の優しさと精神世界）
2、オリオン（男性らしさと物質世界）
3、グレー（フリーターやニートなど）
4、シリウス（官僚などインテリジェンス）

この順番で入ってきたのですが、日本ではプレアデスの勢力が一番強かったのですね。後に、渡来人のようにオリオンの勢力が入ってきました。それからコンピュータの時代になってから、グレー星人が、入植という形ではなく、誕生するようになってきました。そして、現在はシリウス系が一番強くなってきています。

プレアデスはエネルギー体ですが、一部は光を纏った人間の形をしているのです。解かりやすく言いますと、プレアデスは、ハートや精神などのメンタルを重んじる人たちです。

オリオンは物質で、グレー星人はプレアデスとオリオンとの中間ぐらいです。これらの文化を統合して、宇宙に向けてさらなる進化をしていくためのシステムを作ったのが、シリウスなのです。地球にある神秘学などは、全部シリウスのシステムなのですね（竹内文書では皇祖シリウス星から飛来したとも記載あり）。

これらの星で、地球から見た外宇宙で一番近いのは、8・7光年のシリウスです。その次がプレアデス、次がオリオンです。地球から一番遠いのはオリオンですね。グレー星人の星ですが、場所は知っていてもちょっと言えません。ただ、地球に近い星とだけ言っておきます。その他にも、ベガとかリラとかあるのですが、今回は地球に影響を与えた星に限定しています。

まずは、プレアデスの影響がありました。それから、オリオンの影響がありました。そして、プレアデスとオリオンが戦争をしました。その勢力が薄くなってきたら、グレーが現れました。

これからどの影響が強くなるかといえば、シリウスです。これまでの三つの勢力を統合して、さらなるものを作っていくのが、シリウスの役割なのです。

でも、シリウス星人は本当は変身星人なのです。だから、エジプトの古代の絵で、半分犬の姿をしたものも、実在するのですよ。

実はシリウスが、エジプト文明を作ったのです。エジプト文明は太陽信仰ですが、銀河太陽と言われているのがシリウスなのですね。シリウスは、太陽の250万倍のエネルギーを持っている星です（太陽系の原型太陽と呼ばれてます）。

もし太陽が爆発したり、使い物にならなくなったりしたら、シリウスが霊太陽として、太陽と同じエネルギーを送ってくれます。月がサポートして、中継して送るのです。そういうシステムができているのです。なぜ、そんなことができるのかといえば、**月はもともと人工衛星だからなのです。**

プレアデス、オリオン、グレー、シリウス、それに地球の代表が集まってサミットを開けば、地球は変わります。全部で五つの星になりますね。この五色人を統制していたのはスメラの尊の天皇です。天皇は後からできた言葉で、本来は「スメラ」なのです。幣立神宮でやっている五色人祭は、この型移しといえるかもしれませんね。

プレアデス系がヨーロッパ、オリオン系はアメリカに近いです。その中間が東洋、グレー系が中国、シリウスは、西欧でもアイルランドのようなケルトの方です。でも、日本人の起源だけは違うのですよ。問題になるのでどこかは言えませんが。

ケネディと宇宙存在の関係

話は変わって、ケネディ大統領の話をしましょう。ケネディが暗殺されたのは、宇宙人との密約を公表して、その上で宇宙人と仲良くやっていこうとしたからです。その後、それと同じことを、ある人がやろうとしていました。しかし、その人がケネディの意志を継ぐことを発表しようとした時に、大統領選挙が行なわれて、ブッシュの父が大統領になったのです。

クリントン元大統領も、宇宙人と仲良くしようとしていました。しかし、地球に入植して悪さをしている宇宙人がいるから、何とかしなければいけないということで、アメリカの国策として映画が作られました。

スピルバーグが「宇宙戦争」などのSF映画を作っていますね。「未知との遭遇」の監督も、スピルバーグでしょう。ある時期から、同じようなテーマで映画が作られてきました。

映画というのは、1年ではできないのです。だいたい5年ぐらい前から構想を練り始めて、作るのに2〜3年かかります。すなわち、そのタイミングに合わせて「宇宙戦争」の映画が作られたのです。

「666」が表すものとは

これからイラク駐屯問題、アメリカの問題などいろいろありますが、最後は宇宙的な舞台までいくのではないかと思っています。そして宇宙の型移しとして、地球で行なわれているのが「宇宙戦争」ではないかと思えるのです。

平成１８年ですが、皇紀でいえば２６６６年になります。６が３つ続くのもおもしろいですよね。実は、「６６６」は悪魔の数ではないのです。人間の集合意識の数であったり、ある特定の周波数であったり、生命のコードナンバーなのです。生命コードを支配するものが人類を支配します。だから悪魔のコードと呼ばれているのでしょう。

平成18年は岩戸が開く年です。だからいろんな動きがある、ということだけお伝えしておきます。面白い歴史ドラマの１ページが始まると思います。

エピソード2　ソリトンの鍵
Key of Soriton

２２０億年前に創造された、人工衛星としての月、そして太陽系生命進化システムとは

３億６０００年の時を経て、はるか銀河の彼方から宇宙連合の大使として、２５０万年前、このゾル太陽系第３惑星地球（テラ）へ、オリオン系・シリウス星長老アルス・ゼーターがやって来た。彼らの目的はただひとつ。宇宙連合と銀河連盟の間で行われている、地球人類へのプレアデス星人によるＤＮＡ操作の体現化であるアトランティス文明の調査である。長年に亘る調査を終了し、オリオン星座シリウス系Ｂ３アクシス星へ帰ろうとしたアルス・ゼーターは、自らの星が空間磁場の変化により大爆発を起こし、アストロイドベルトとなったことを知る。一部宇宙船によって避難したアクシス星人は、その後ゼータ・レティクル星へ移住したが、さらなる進化と安住を求め、ゾル太陽系、この地球へと入植を始めた。

宇宙連合は再びアルス・ゼーターに地球調査を命じたが、彼は自らの種族を地球で同化させるためにプレアデス星人の遺伝子科学を応用したが失敗に終わった。これは後に“グレイ”と呼ばれることとなる。それでこの地球上でのすべての生命情報と生命波動を管理する大型母船『ソリトン』を月の裏に置き、すべての宇宙生命体が地球で生活できる環境を創造することをアトランティスの一部の賢者と共同で研究した。あるとき、生命磁場の安定を図るため、ソリトンと同型の水晶アクシスをアトランティスの科学者に預けたが操作を誤りアトランティス大陸は海の底に沈み『ソリトンの鍵』は地底

に生活するグレイの手に渡った。そしてグレイは『ソリトン』の技術を利用し、一部レプティリアンとともにシュメール文明を通じて人類のコントロールを始めた。

The moon was created 22 billion years ago as an artificial satellite. What is its relevance to the evolution system of sentient beings in the solar system?

Spanning a 360 million year period Arth Zeda, an elder of an Orion lineage of Siriuns, came from a far off galaxy as an ambassador of the galactic federation two and a half million years ago, to the 3rd planet in the Sol system, Tera. There was but a single objective. It was a survey of the Atlantean civilization, itself a manifestation of DNA engineering done by Pleiadeans for Earth humans and realized by both the Universal Alliance and the Galactic Federation.

After many years this survey was completed and Art Zelda prepared to return to a Sirius B3 planet in the Orion constellation called Axis. However he found out that his own planet had exploded due to a change in the magnetic field of space and thus became an asteroid belt. A portion of the Axis inhabitants were evacuated via star ships and were later moved to the Zeda Reticula star system.

However they desired further evolution in a safer environment and thus began the seeding on this Earth of the Sol solar system. Once again the Universal Alliance instructed Arth Zeda to do a survey on Earth, In order for his own species to assimilate there he applied Pleiadean genetic science but it ended in failure. That "failure" later became what is known as the "Greys".

Then an enormous mothership called Soliton was positioned on the dark side of the moon to control all life information and vibration on Earth. All of this researched with Atlantean sages and created so an environment suitable for any and all forms of life in the Universe could be on Earth.

At a certain time a mistake was made with a crystal axis, similar in type to Soliton that was given to Atlantean scientists in order to stabilize the living system's magnetic field. The Atlantean continent sank to the bottom of the sea as a result and the Soliton key fell into the hands of Greys together with some of the Reptilian race began control of the human population via the Sumerian civilization using the Soliton technology.

①『温故知新』（Onko-chishin）

If you want to know what's to come, look into the past.
History has a lot to teach us about the future.

②『君が代』（Kimi-ga-yo）

君が代は　千代に八千代に　さざれ石の　巌となりて
苔のむすまで

"Kimi-ga-yo" is a national anthem of Japan.
A thousand years of happy life be thine!
Live on, Our lord, till what are pebbles now,
By age united, to great rocks shall grow,
Whose venerable sides the moss doth line.

地球とは何か？

まず、「地球とは何か？」という問いを投げかけたいと思います。

そして、「応用的自己中心（地球）の心のあり方が、究極の方向性により生命進化を体現する所」、これが地球の存在意義の結論です。

本編のテーマは、「グランドゼロ」です。日本語に訳しますと、爆心地、爆弾が落ちた中心のことになります（この地球こそ、ソリトンの鍵のグランドゼロ地帯です）。

本題に入る前に、二～三、気になることがあるのでそれを話します。私は個人的なことでは風水の仕事はしないのですが、ある機関に頼まれて、１５年ぐらいの間、地脈を調査しています。

風水で調査した結果、地脈の動き方が早くなってきています。メキシコのある火山は富士山と同じ高さですが、これが噴火しました。日本だけではなく、外国でも地脈の動きが活発になっているということです。今現在、噴火しそうな火山が十二ぐらいあります。休火山が活火山になって噴火することもありそうです。

最近、アメリカの映画を見ていますか？　核によるテロを仕掛けられたというような映画ばかりなのですよ。五本、アメリカ映画があると、必ず三本はテロがテーマなのです。

これは「サブリミナル」といい、みなさんの意識に刷り込みを行っているのです。それをアルカイダが見ることもありますよね。こうやればうまく行くという、テロのやり方を彼らに教えているという側面もあります。

もし彼らがそれに従って実行すれば、映画を見た方は、やはりあのとおりになったのだと思うわけです。これを「意識付け」といいますが、こうしたことが映画でなされているのです（すでにアメリカの９・１１事件はヤラセと言われていますが）。

それから、ニューズウイークでも紹介されたトムクルーズ主演の「マイノリティ・リポート」という映画なのですが、これはぜひ見てください。

パソコンの、処理能力の９５パーセントは使われていません。それで、全地球のコンピューターの未使用の処理能力を連結して使うという可能性が考えられます。これが、第四の波と呼ばれている究極のネットになりますが、これをテーマにしたのが、「マイノリティ・リポート」です。

この映画は、ハーバードなどの一流大学の教材になっています。FBIの犯罪心理学や、日本の公安でも教材になっています。今、サイバーがすごいのですが、これは現実に起きることを想定して作った、未来社会の映画なのです。

話を戻しますが、地球イコール、「生命進化を体現する所」、これが重要なのです。肉体を持って学習することを条件付けられた星が地球です。

では、どうやって生命進化を体現するかと言いますと、心のあり方という意識の方向性なのです。

意識の方向性を自分で決められるということは、我々には自由意志があるということです。自由意志により意識の方向性を与えられて、生命進化をする所がこの地球なのです。

すなわち、「**人間があって宇宙がある**」ということです。宇宙があって人間があるのではないのですよ。

神様という創造主がいて、人間を創るために三次元世界を創ったのです。そして銀河系を運行させたのです。だから、人間というものがあっての宇宙なのです。

神様、仏様、天使などというエネルギー体の宇宙存在は色々ありますが、今、宇宙の中で一番、生命の進化や退化をしているのは、この地球です。

いろんな種族がいるのも地球です。滅んでいく種族も多いですが、見えない所で誕生している種族も多いのです。

地球は、宇宙一の図書館、宇宙一の情報データバンクなのです。「アカシックレコード」は、見知らぬどこかのコンピューターにストックされた情報ではないのです。地球そのものが、「アカシックレコード」なのです。

ソリトンの鍵とは

今回の話の「ソリトンの鍵」ですが、非常に重要です。

ＤＮＡの返還コードをソリトンと言います。ソリトンには、鍵が掛けられているのですが、このために人間の生命進化はストップしています。今の三次元を維持させるためのシステムですが、ソリトンの鍵の封印が解かれれば、三次元システムが崩壊します。

人間が遺伝子操作されているという話をよく聞くでしょう。これは、人間が人間の遺伝子を操作したのではありません。

宇宙や地球の歴史について書かれた、精神世界の文献は、千六百冊ぐらいあるのです。その中に、人間の遺伝子のことや、遺伝子操作について書かれているのは八十冊ぐらいあります。

それぞれの表現は違いますが、書かれている内容はだいたい同じです。ところが、みなが共通して間違えていることが一つだけあるのです。

それは、時間が全部デタラメということなのですね。

インディアンはホピの時間軸、イギリスは西暦、グレゴリオ暦とか色々ありますが、それぞれの民族の時間軸があります。

ロング・タイム・アゴーの世界

それから、時間軸のないところもあるのです。ロング・ロング・タイム・アゴーの世界なのですね。その世界では、時間軸が全然バラバラなのですが、8年かけてやっと私がまとめました。

4 1兆
3 0 0 0億
2 2 0億
1 5 0億
2 5 0万
2 0万
2万6千
1万5千
6 0 0 0

２０００
Ａ・Ｄ２０１２

４１兆は４１兆年前ということですが、地球が一番始めに、たった一滴の水球として宇宙に存在した時間なのです。

今の三次元の科学では、１５０億年前にビックバーンがあったと言っていますが、まったくの嘘です。いいですか、地球上の表面の生命体が進化するのに、１１０億年かかっているのですよ。

地球の中心核から表面までの歴史は記録されていないのです。なぜかと言うと、測定できないからですね。

宇宙創造のドラマが始まったのは、地球時間でいうとだいたい４１兆年ぐらい前です。古神道のアマツカナギを辿っていくと分かるのですが、全部、４１で止まるのです。それが、なぜ４１で止まるのかを、私は2年半かけて調べました。

数霊でいうと４１は「天御中主《あめのみなかぬし》」という神様を表わすのです。宇宙の創造主です。その創造主の数が４１で、４１兆年前の、地球が一滴の水だった頃のことなのです。

その時、宇宙は何もなかったのですよ。

宇宙があって地球があるのではありません。地球が中心で、地球があって宇宙があるのです。

地球の中心核から表面まで、七万の層があります。本当は八万四千なのですが、あとの一万四千は誰かが隠してしまいました。樹の年輪でいうと、八万四千の層があるということですね。それを一皮ずつ剥いでいくと中心の核になるわけですが、その中心の時間軸は、４１兆年前ということです。

その時は、水球があるだけで、他には何も無かったのですが。その水球が地球そのものや生命体の始まりだったのです。それを形象学では、丸に点という図で表わしています。全宇宙に、たった一滴の水ということを表しています。

地球の科学で検証できるのは、３千憶年前までです。三次元の最新科学で、天文学者が先端のコンピューターを使って放射性同位原素を調べても、ニュートリノの世界をもってしても、解かるのは3千憶年前までなのです。

だから、宇宙、銀河系、地球までの創造のドラマは、３千憶年は経っているという仮説が生まれました。

でも私に言わせると、3千憶年ぐらいで何ができるというのでしょう。41兆という数は、仏教の世界では無量大数や不可思議と言いますが、それだけ古いのですね。

でも、宇宙がそれだけ古いのではありません。地球の基になった、たった一滴の水からスタートして、だんだんと宇宙ができてきたのですから。

その一滴が重要なのです。それが俗にいう創造主で、生命や宇宙を創造した神の一種なのです。

220憶年前は何だか解かりますか？　これは、月が太陽系に入って来た時間です。この太陽系に入って来たということが大事です。月は始めからあったと思っているでしょう。本当は違うのですね。

月は人工衛星ですからね。今でもワープして動くことができます。

生命体を進化させるために、月は宇宙中を移動してきました。地球時間の約220憶年前、エーテル波から物質波に変えて、三次元形態の物質を創る時に。月が地球に影響を与えました。

月が月として、初めて人類に対して影響を与えたのが、220億年前だったのです。そうすると、150億年前にビックバーンがあったと言っている現代科学は、全部デタラメだということが解かるでしょう。

月はもっと古いのですよ。この物質宇宙を創るために、初めてワープした、それがだいたい、220億年前でした。月が無かったら、人間は生きてこれなかったでしょう。

そして、150億年前が銀河系宇宙の創造ですが、前の年表を整理します。

41兆　水玉（ロゴス）地球誕生
3000億　地球と宇宙創造
220億　銀河生命核創造期
150億　ビックバーン生命創造
250万　宇宙人が地球に入植
20万　アトランティス終了
2万6千　太陽系周期の終了

1万5千　地球人類文明の始まり
6000　シュメール文化
2000　キリスト誕生
A・D2012　アセンション、マヤ暦の終了

三次元の地球の始まり

古い時代は、みなさんがアメーバや原子核だった頃ですから、具体的には関係ないといってもいいですね。問題になるのは、人間として生まれ、今と同じ三次元の地球がどこから始まったかということです。それが1万5千年前なのです。

その前の地球は、エーテル体だったり、アストラル体だったり、コーラル体だったり、メンタル体だったりしたのです。すなわち地球は球体でしたが、物質の質量が違っていました。すごく軽かったのです。今のような重い物質宇宙になり、有限性が生まれたターニングポイントが、1万5千年前でした。

そして、「五色人」という人類の発生を、文献的に検証できるのが1万5千年前

なのです。だから、熊本の幣立神宮の「五色人祭」が始まったのは、1万5千年前からです。

その前の時代は、学問も論理も無かったので検証できないのです。

人間が人間として、地球が今の物質として固定されたのが、1万5千年前なのですね。

今の我々は、善し悪しは別として、遺伝子操作されているのは事実です。このような状態になるようにインプットされたのが、1万5千年前なのです。

逆に言うと、今のような状態になっているのは、預言も何も関係ないのです。1万5千年前にデータが打ち込まれていて、それが結果として現れているだけなのですね。

その間に、シュメール文明の発生やキリストの誕生などがありましたが、人間に一番影響があったのは1万5千年前の出来事でした。

その時、何があったのでしょう？　まず、大洪水がありました。そして、現在の地球には水がありますが、昔は無かったのです。では、最初の水はどこにあったと思いますか？

実は、月にあったのです。誰かが月から水を撒いたと言っていますが、撒いたのではありません。テレポートさせて、地球に降ろしたのです。

それが三回あったのですが、最後に降ろしたのが、1万5千年前でした。

最初は220億年前に、地球に生命を創るために、神道の世界でいう「球振り」をしたのです。月そのものが人工衛星ですから、周波数を上げれば地球と共鳴を起こすことができるのです。

そうすると、何も無いところに水が湧いてくるのですが、それがマックスに達すると、瞬間的に地球にテレポートするのです。SFの世界ではなく、そういう科学があるのですね。そうやって過去、三回、水の移動があったのです。

シリウスの影響

今まで地球に関わった文明は、ベガ、プレアデス、オリオン、シリウスと言われていますが、本来、生命創世の時期にはシリウスが関わるべきだったのです。でも、この時期はプレアデスと半々ぐらいでした。

アトランティスの最後の時期だったのですが、そのためにできなかった仕事がありました。それで、２０１２年にタイムワープして、プレアデスの周期ではなく、シリウス星の干渉によって、地球人類を進化させようとしているのです。

それが２０１２年から本格的にスタートするのですが、宇宙連合の約束事になっています。

では、シリウスは地球に対して何をしたのか？　今回は、アトランティスがなぜ沈んだのかという話もありますが、実はアトランティス大陸は物質ではなかったのです。

正確にいうと物質としてのグランド（陸地）はあったのですが、島のようなところの下に水晶体があって、その上のエーテルの空間に、「天空の城ラピュタ」のように浮かんでいたのが本来のアトランティスなのです。ミルトンの「失楽園」のようにいろんな文献がありますが、海に浮かんだ島ではないのです。

アトランティスには「トート」という科学者がいました。いわゆる、シャーマンですね。その人が、今のシステムを全部作ったのです。

トートに科学を教えたのはオリオン系の人でしたが、裏ではシリウス系の存在がものすごく影響を与えました。それが、現代に続いている科学です。

つまり、縄文とか、弥生時代とか、そうしたレベルじゃないのです。みなさんが歴史を考える場合は、もっともっと遡って、最低、1万5千年より前まで戻らなければならないということです。

そこまで戻らなければ、みなさんの意識は変わらないのです。エネルギーの転換はできないのです。プレアデスの周期が終わって、シリウス文明が来る、それに合わせるには、そうした認識のシフトが必要です。

私たちのアセンションに向けて、太陽系の連合文化が来るのです。銀河連盟に入る前に、太陽系の連盟に入らなければなりません。その鍵を、シリウスが握っているのですね。

月は人工衛星ですが、これはシリウスの科学者によって作られました。オリオンの科学者の援助を受けて作った水晶の球体に、エネルギーを注入したのが月なのです。

そして、実は月そのものが、物質変換装置、原子変換装置です。月の面で、地球を向いているのは片側だけでしょう。裏側は真っ黒で、絶対に見せません。

中国人は、これを分かっていたのですよ。易教の「タオ」のマークは、月の黒い部分と白い部分を表わしています。白と黒のタオは、月をシンボライズしたものなのです。

物質を現象化させるのは、白のエネルギーだけではだめです。また、黒のエネルギーだけでもだめです。両方が備わって、始めてできるものなのですね。

白と黒は、対立するものではありません。黒魔術と白魔術、天使と悪魔、本来は全部同じ一つのものです。

なぜ、アトランティスは沈んだかと言いますと、月の生命磁場をいじりすぎたからです。具体的には、いろんなものを物質化しすぎたことによります。

月から水ができたのでしたね。だから、海の水は月の情報を全部持っています。

アトランティスの人たちはクリスタルなども作っていましたが、その水晶体の中に想念エネルギーを結晶させたり、海水の真空磁場に圧力をかけていろんな物を作り出していました。ところが、それが原子力発電所の事故のようにメルティング（溶解）してしまったのです。それで、必要以上の科学を使ったことにより、エーテル体との繋がりが切れてしまい、事故により沈んでしまいました。

今もまったく同じことをやっているのです。長浜原子力発電所の事故も、アトランティス時代のカルマが日本に出ているともいえます。地球上の核戦争も、アトランティス時代のカルマなのです。もっと古い時代にも宇宙戦争はあったのですが、全部、シンクロしています。その歴史的な時間は、1万5千年前なのですね。

その時に、プレアデスの科学者の援助を受けてシリウスの科学力を使い、具体的に人間の遺伝子の操作を最終的に行った人たちが、「光の存在」と言われていました。「イルミナティー」のことですね。フリーメイソンやイルミナティーの歴史は、1万5千年前から始まっています。

月の根元的パワー

繰り返しますが、月というのはすごく重要なのです。全宇宙には、太陽系のようなものや、地球と似た星はあるのですが、そこに月が無ければ、地球と同じような状態の星は絶対にできないのです。また、地球がこれ以上大きくても小さくても駄目で、今の大きさに固定することが、地球を地球たらしめています。そして、人間を物質界に現象化させているのが月なのです。

なぜ、天皇が「スメラの尊」というか知っていますか？　月のことをスメラというからです。その言葉の基は6千年前の「シュメール」からきているのですが、当時、世界天皇という言葉がありました。

彼らが信仰、崇拝したのは、月でした。天皇という言葉を分解すると、天の白い王となりますね。白い星とは何か？　月でしょうね。

天皇陛下といいますが、天の王に仕える人のことなのです。だから、天皇陛下とは、天の王そのものということではなく、月の祭司のことなのですね。

生命の根源は、海から来たのですよね。じゃあ、その海はどのようにできたのか？　月によってできたのでしたね。だから、肉体のパーツの漢字はつきへんが多いのです。肝臓、膵臓、腕、胸などそうでしょう。

トリウムの持つ可能性

今、原子力発電所で、いろんな事故がありますね。これはある機関が関係して、工作しているという話があります。2004年にブッシュが再選されましたが、もう一度、あえて石油に戻そうという動きがあるのですね。

原子力のあり方は、もう一度、問い直すべきなのですが、私に言わせると、原子力はもっともっと進める必要があります。本当は、燃料に「トリウム」を使えば、安全に平和に利用ができるのです。

原発の主役である核燃料が、ウランではなく、トリウムである点が重要です。トリウムというのは、原子番号が90の重元素で、天然にはトリウム232として存在します。トリウム232自体は核分裂しませんが、中性子を吸収させることによって、分裂性のウラン233になります。

原材料になるトリウムはウランと違って、ほぼ世界中にあるのです。トリウムの埋蔵量は、ウランの四倍になります。インド、トルコ、ブラジルに多くあります。一番いいのは、核兵器の材料になるプルトニウムが発生しない点です。

トリウムの原発に変えれば、核兵器を作れなくなります。ですから、原子力の次はトリウム、その次は水素発電、その次は海洋温度差発電、そして発酵技術。

最後に行き着くのは、真空磁場から物質化現象を使う宇宙科学理論です。

石油をあまり採りすぎると、地球が冷えてしまいます。フォトンエネルギーは増えていますが、地球は氷河期に向かっているのですよ。

反水素原子の働き

５７０兆、これは何の数だと思いますか？　有機体としての人体の周波数で、どれくらい共鳴できるかといえば、５７０兆もあるそうです。つまり、人間の体は完全な宇宙と変わらないということですね。人間は意識していませんが、宇宙の全てのエネルギー体と交信しているのです。

我々は物質でしょう。物質には、分子、原子、原子核があって、素粒子というものがあります。でも、それだけではないのです。

最近の新聞記事に、「反水素原子を大量生成」という東大教授の論文が掲載されていたので引用します。

「水素の原子核は電子の負荷が、正逆、逆転している。だから、反水素原子を初めて大量に生産することができた。スイス・ジュネーブ欧州原子核研究所が、これに成功した。反水素は、反物質の代表で原子番号はマイナス1」

反物質というのは存在するのですね。宇宙には目に見える物質があれば、見えない反物質があるのです。それが反水素という形で科学的に証明されたということになります。原子には原子番号があるのですが、反水素原子はマイナス1だそうです。つまり、これを原子変換という形で応用すると、地球上の放射能を全部消すことができるのです。原子の素は素粒子ですが、素粒子をプラス軸とすると、マイナス軸の反素粒子があるのです。それは、目には見えません。

原子爆弾や水素爆弾がありますね。この放射能やエネルギー磁場を消去するためには、同質であって正反対のエネルギーをぶつけるしかないのです。そうすると、瞬間的にゼロになります。原子力発電の放射能を除去するのに、反水素や反物質を使えば、クリーンで安全だということです。

医者や厚生省が許さないとは思いますが、この反物質を液体にしてガン患者に注入したら、ガンは消えてしまうと思いますよ。宇宙では「モノポール」と言われています。

量子力学では、反素粒子まできているのです。M理論とか宇宙の統一場理論とか、他にSも理論がありますが、これは簡単です。すべての物質はスパイラルしているということです。

たとえば、鉄砲の銃身の中は、螺旋《らせん》を刻まなければ弾はうまく飛びません。それと同じように、エネルギーの負荷をかける時には、全部、スパイラルでないとうまくいかないのですね。人間のDNAの遺伝子も螺旋でしょう。

今の宇宙の統一場理論はM理論ですが、生命科学はS理論で成り立っています。SM理論で、すべてが説明できるのです。私がホラ吹きだと思われると困るので、次のようなデータを示します。

私の研究所で波動測定したものですが、こういう結果がでました。

「測定品目、地球人類七十億人の集合意識（地球との共鳴度）、MRA、SSSは従来の波動測定器（プラス21からマイナス21）」の数値を百単位で表わし、あらゆる物の人体への有効度を測定できます。

1、生体順応度　プラス18
2、免疫　プラス11
3、脳　マイナス6
4、酸化防止　プラス9
5、血液浄化　マイナス4
6、神経調整　マイナス13
7、細胞活性　マイナス2
8、抗ガン効果　マイナス2
9、性能力回復　マイナス5
10、体内毒素浄化　マイナス14
11、病気回復　マイナス11
12、体質改善　マイナス8
13、美容効果　マイナス14

14、安眠効果　　　　マイナス13
15、DNA原子安定度　プラス6
16、電磁波効果　　　マイナス17
17、遠赤効果　　　　マイナス2
18、イオン効果　　　マイナス4
19、温泉効果　　　　マイナス1
20、不測定力価　　　マイナス17

総合力価有効率（53）
所見（このままでは、あと5年で地球のポールシフトが起きます）
以下、53種項目は測定省略。測定日、2002年11月8日

解かりづらいかもしれませんが、地球そのものを人体に喩えて、生体順応度や免疫度を測定しました。その結果はほとんどマイナスなのです。9・11のテロの時はこれ以下でした。

この総合力価有効率は、たった一日で大きく下がることもあります。

たとえば、アメリカで人々の意識のアップに反するような不穏な働きがあっただけで、地球のエネルギーがかなり下がってきます。ブッシュがまた戦争を起こしそうな動きをすると、地球が嫌がり、免疫が下がってくるのですね。

面白いのは、地球の生体順応度はプラス18、免疫はプラス11で、地球そのものの免疫は高いのです。人体でいうと、病原菌に対する免疫が高いということです。そして、DNA原子安定度はプラス6ですが、簡単に言うと、地球は太陽フォトンを吸収して原子変換をしているのですね。問題なのは不測定力価、測定できないエネルギーがマイナス17もあることです。

体内毒素浄化は、上がっている面と下がっている面がかなりあります。この状態が5年ぐらい続くと、ポールシフトする可能性が出てきます。

これらの数値は、上がる時も早いのですが、下がる時は瞬間的です。マックスを100とすると、ある時点では80だったものが、一分間で100になったり60になったりするのです。

この測定方法ですが、地球の土や岩石や、温泉のお湯とか、シューマン振動などといった、いろんなものがあります。

私は酒ばかり飲んで旗本退屈男なんていっていますが、本当の仕事は科学者なのですよ。毎日、こういう測定をしています。

Oリングテスト、フーチーなども、よく行っています。

従来のMRSの波動測定器は、十の18乗ヘルツしか対応できないのです。これでも立派なものですが、宇宙を完全に測定するためには、十の33乗までできなければ、正確なところは分かりません。

十の18乗では、分子と原子の間ぐらいまでは測定できますが、素粒子まではできないのです。素粒子のエネルギーバランスまで瞬間的に測定できなければ、本当の波動測定器とは言えません。

私はダウジングもやり、Oリングもやり、それで馬券を買ったこともあります。学生バイトを使って、サイコロを六万回振らせてデータもとりました。

そこで面白いことが分かったのですが、一時間の間で統計をとると、当たる確立が高いのは、たった十五分間なのです。有効率は十五分間だけです。

なぜかというと、人間の脳の集中力と、共鳴を起こしてしまうためなのですね。

同じことを八時間やると、やっている方が疲れてしまって、当たらなくなります。

　それから、息を止めて測定するのと、息を吸ってやるのとでは、全然違います。女性の方は月経の時とそれ以外の時、男性は風呂に入った直後と、湯冷めした時で、生体の条件で全然、結果が違うのです。

　お金のエネルギーは十の８乗です。ＭＲＳの波動測定器で測れる、十の１８乗でも物質的なものは、ある程度対応できるのですが、素粒子までいったら無理ですね。

でも、周波数には個人差がありますから、周波数がもともと高い人が測定すれば、十の３３乗ぐらいまでいくでしょうね。

　宇宙は十の４１乗という予想です。それ以上ありそうな気もしますが、いずれにせよ測定できないのです。

　三次元の科学の愚かさは、測定できないものを測定しようとすることです。計れないものを計ろうとする愚かさ、これが分かりますか？　これがすなわち、人類の愚かさなのです。

　反素粒子までは、新聞で発表できるところまできたのですが、その上があります。

それを「超光子」と私は呼んでいますが、すなわち「創造因子」ということなのです。これは、十の81乗までの世界、つまり、絶対に測定できない世界なのですね。

でも、みなさんを動かしている宇宙エネルギーや生命エネルギーは、全部、十の81乗のレベルです。

観音さまには三十三の働きがあると言いますが、物質次元の最高の働きを表わしています。33乗ということは十にゼロが33つくということですからね。

科学を漢字で正しく書くと「仮学」なのですよ。仮の学問なのです。物質から上を追求しているのが科学で、上から下に降りたのが宗教なのです。その上からの働きは分かりづらいので、一言で「神」と言っているのです。

神道の「イザナギ」と「イザナミ」は、プラス軸とマイナス軸ということです。天御中主が銀河系であるとか、いろんな表現の仕方もありますが、全部、科学的なものです。

じゃあ、天照、素盞嗚《すさのう》、月読《つくよみ》は何なのか？　天照は太陽、月読は月、素盞嗚は地球で、日、月、地です。だから、巴のマークも、三元を現しているのです。日本の古典を学ぶと分かりますが、宇宙のすべては相似象になっています。

みなさんには「ああそうだ！」という直感があるでしょう。それは十の33乗の世界です。

いちいち機械で測定しなくても、実は人間自身がセンサーなのですね。瞬間的な気付きの直感は、宇宙と共鳴しているということです。


そして、エネルギーグリット（繋がり）のパスワードは、12、7、3ですが、昔、太陽から出ていた光線は「12」だったのです。生命素数の原数ですね。それが「7」光線のレインボーになり、それが地球に来て「3」光線（三原色）の軸になりました。

これが2になったら氷河期になってしまい、1になったらポールシフトが起きます。

簡単に言いますよ。今の地球は3本の光線の軸で支えられていると思って下さい。今、宇宙から降り注いでいるのは7本ですが、本当は12本のグリットがあったのです。では、他の5本はどこに行ったのでしょう？

実は、この5つのエレメントは、人間の光のエネルギーを構成するために、人間の中に入ったのです。五行、五体といって、人間を構成しています。

新しい文明を築く新人類

今、インディゴ・チルドレンと呼ばれたり、新人類などと言われる特殊な能力を持った人たちがおります。

十歳に満たないような子供たちにも、一見、普通のように見えても、いろんなものが見えたり聞こえたりする子たちが存在します。そのほとんどが登校拒否だったり、アトピーだったり、親が離婚していたりなどの、なんらかの特殊な事情を抱えているのです。

一番の共通点は、食事をほとんどとらない人が多いのです。食べる量が極端に少ない、そして、アトピーが六割だそうです。

それから、日本にはエスパーもいますが、私はその数が多いとは思いません。なぜかというと、今、日本に宗教団体は十八万あり、教祖が二十五万人もいるからです。

そして、日本には四億人の信者がいますが、これはおかしいですね。いろんな宗教遍歴をしている人がいることによるのでしょう。

霊能者の数は年々増えていますが、五十万人を超えた時にニューエイジとしての世界が確立するのです。

その人たちは親のいうことは絶対に聞きません。なぜかというと、自分自身の内なる声と会話ができるからです。彼らは、親しい仲間内では、すべてテレパシーで会話ができるのです。

そうなると、旧人類と新人類とに分かれることになり、新人類が新しい文明を創りだします。あと数年で、だんだんとそういう現象が顕著になってきます。


エントロピーという言葉がありますが、エントロピーは歳をとればとるほど大きくなります。死に近づけば大きくなるのです。

「人間は死に向かって生きている」という言葉を確認しておいてください。オギャーと生まれた時が誕生ではありません。死ぬまでが誕生なのです。死んだ瞬間に、次の世界での生まれ変わりが起きるからです。

死まで含んだのが誕生なのです。だから、死とは恐れることではありません。逆にいえば、新たな誕生に向かって、進化しているということなのです。

それから、二十代ぐらいの結婚適齢期ってあるでしょう。あれは嘘です。結婚したい時が、結婚適齢期なのです。魂が成熟しなければ、結婚してはいけません。今の若い人たちを見ていると、四十代でいいと思います。平均寿命が伸びていますからね。

近年、少子化が進んでいますね。電磁波や食生活の影響もありますが、見えない世界で止められているのです。これ以上子供を作っても、次の世代までそんなにおおぜいの人間が生きていけないと分かっているから、産めない状態ができているのですね。

今、二十代で結婚するとすぐに離婚するカップルが非常に多い。だから、男も女も三十、四十過ぎでいいのですね。

ところで、もともと宇宙には結婚制度はないのですよ。あるのは地球だけです。例えば、金星では結婚制度はないです。お互いに魂エネルギーの交流ができればいい、ただそれだけです。

逆に言えば、結婚制度は地球にしかないわけですから、大いに楽しんで下さいね。

地球の重量の変化

昔、水晶体だった頃の地球をテラと言います。今はアースと呼ばれていますが、その核の部分がテラなのです。昔は今のように地球は大きくありませんでした。重さも、今ほど重くなかったのです。

けれども、全体のエネルギーは変わっていません。空間が大きくなったり小さくなったりしていますが、総質量は変わりません。

地球は昔、もっと小さかったのですが、真ん中にあった部分が外側に移動したので、創世記のときから質量は変わっていないのです。

地球を重くしたのは誰か？　我々、人間です。人間の想念の力で地球がだんだん重くなってきたのです。一番、重くなって完全に物質化したのが1万5千年前です。その前は半霊半物質で、時間軸も二十四時間ではありませんでした。

アトランティスの頃は、人間は3メートルぐらい身長がありました。空気の密度が違っていたからですが、空気密度が違うということは、原子の構成要素が違っていたということなのです。だから、巨人とか恐竜がいたのです。

そして、星の空間磁場によって、大きくなったり小さくなったりするわけです。人間が今ぐらいの大きさになったのは、1万5千年前です。

最大の封印は月にかけられていた

月で生命磁場を調整しているといいましたが、実は最大の封印は月にかけられています。**月に仕掛けをして、我々を操作しているのです。その月の封印、月の暗号を解くのが、「ソリトンの鍵」です。**

月そのものにマジックがかかっているのです。地球の生命磁場、海水、遺伝子という根本的なものが、月によって変えられてきました。

それを理解していたのがシリウス星人ですが、知っていても知らない振りをしていたのです。

物質宇宙を創るために、どれだけの時間と労力をかけたのでしょう？　それは膨大なエネルギーです。地球は全ての生命現象がある星なのですが、宇宙で一番、進化した星は地球です。そして、一番退化している星も地球なのです。

人間を創るために宇宙を創ったわけですから、神や仏という存在よりも、実は人間の方が上なのですよ。

人間の体には、４１兆年前からの、宇宙創造からの進化の歴史が全部刻まれているのです。人間を創ったのは神様じゃないですからね。たった一粒の球体から全てのものが創られたのです。それを仮に神様と言っているだけです。

アダムとイブの物語は、物質化した体を持ってからの話で、もともと人間は水の球からできているのです。そして宇宙も地球も水から発生しているので、人間は５７０兆もの周波数の波動と共鳴できるのです。

だから、生命の神秘といった場合、人間自身もまた神であることに気付かなければなりません。外にいる神様や仏様に手を合わせるという世界じゃないのですよ。

金星でも、アンドロメダでも、プレアデスでも、通用するのは生命磁場の共通理論しかないのです。

瞑想——意識脳の開化

瞑想ってありますよね。瞑想によって意識脳が開化できるといわれています。眼を開けた状態で入る情報は78パーセントですが、この場合、潜在意識はたったの22パーセントしか使われていません。

逆に、眼を閉じると22パーセントしか情報は入りません。そのかわり、78パーセントの潜在意識が開きます。

眼を閉じた状態だと、最大、10パーセントまでエネルギー的に広がる可能性があります。しかし、人間の脳の出力を10パーセント上げるには、大気密度を41パーセント上げる必要があります。それから、地軸を変化させなければなりません。海水と純金を飲まなければなりません。呼吸法を変えなければなりません。DNAのラセンを二つから八つにしなければなりません。

そして、本当の瞑想はハートで行ないます。ここでいうハートは、心臓ではなく胸線のことです。脳の意識センサーは松果体にありますが、これは情報のディスクであるに留まります。

瞑想とは宗教的な行為ではなく、瞑想そのものが重力を変換させ、物質を光子体化させる一つの運動です。人間は、寝ているときには完全な光子体として輝いています。

アトランティスの瞑想法は、海水の中に入ってする、ピラミッド瞑想です。

胸の中心に太陽、両手の中に地球、頭の後ろに月を思い描きます。毎分、二十一回行ないます。

身体のそれぞれの働き

実は、すべてのポイントは、骨の中にある「髄」なのです。だから真髄というでしょう。ここには真空磁場があります。それが五行でいうところの、「空《くう》」です。

空のエネルギーは骨の中の髄にある、だから、人間が人間でいられるのは背骨があるからではありません。

そして、ハートのチャクラと脾臓が大事なのです。胸線とハートのチャクラは、原子変換と時空間の調整です。

また、耳が全ての気のセンサーなのです。だから、後ろの気配を感じたり、肩が重いと感じるのも、耳のセンサーが感知していることによります。耳にはすべてのツボが集中しています。シャンバラの医学書にも出ていますが、神経を調整する器官です。

だから、あまり携帯電話を使うと生体センサーを狂わせてしまいます。耳鳴りがするのは、周波数の調整です。

死んだ人の耳に海水を注入すると、一時的に生き返るといいます。生命センサーが作動するからでしょう。

よく、死にそうな人の耳元に呼びかけをしますね。これが聞き取れれば、生き返るのです。耳と海水は凄く重要です。冷やした海水に死体を置くと、腐らず柔らかくなります。

そして、鼻からする呼吸も重要です。鼻づまりは、チャクラにゴミが詰まっているということです。

鼻は「花」のことです。チャクラのロータス（蓮）の花弁を意味しています。チャクラには匂いがあるのですが、鼻が詰まると匂いが嗅げません。鼻が利かなくなると、耳と同様、生命のセンサーが狂ってしまいます。

現代人は鼻が悪くなり、チャクラの匂いを嗅げません。意識覚醒のためのホルモンチャクラが嗅げなくなると、脳に命令が行かなくなるのです。

煙草を吸うことによる害は、ニコチンよりもむしろ、鼻が利かなくなることですね。煙草そのものにも、ＤＮＡ操作がされている場合もあります。

全宇宙の中心は地球である

生命進化は、１２と、統合の１で、１３あります。１２のエネルギーの種類と、１０のボルテックス（渦巻き・大地から強いエネルギーが渦を巻いて放出されている場所）、それに統合した１で、全部で２３です。

チャクラは七つと言われていますが、昔は十二ぐらいありました。

先ほど述べたように、今はセントラルサンから物質銀河へ、七光線しか出ていませんが、2百50万年前は十二光線でした。消えた五光線は全て、人体の構成、物質の構成に光としてのエレメントとして構成されています。つまり、光線の数とチャクラの数は相似象だということです。


地球銀河系と、完全にシンクロしている相対宇宙はアンドロメダです。地球銀河とアンドロメダ銀河とはまるで違うのですが、それでもシンクロしているのです。初期の時代はオリオンとシンクロしていましたが、今はアンドロメダです。

全宇宙の中心は、地球です。物質宇宙を創るために、銀河と太陽系があるのです。地球の中に宇宙があるのですね。

セントラルサンというのは、宇宙の中心太陽ではありません。地球内部にある核体水晶が輝いているから、セントラルサンといわれているのです。

太陽系物質宇宙の全天のフォログラム

地球の中にあるものが、海を通して映しだされているフォログラム、これが宇宙です。物質宇宙は太陽系までしかありません。銀河系は周波数が違っているのですが、エネルギーが変換した、地球内部にあるものを見ているだけなのですね。

これは、私だけの理論ではないのですよ。学者の先生も言っているのです。だから、宇宙は無限に大きいのではなく、本当は無限に小さいのです。

それから、人は喜びで免疫が高まるようにできています。すべてのものは、喜ぶと振動します。ウキウキするというでしょう。この言葉は、振動、共鳴を表したものですね。喜びが免疫を高め、ハートのチャクラが動くのです。これを「感動」と言います。逆に悲しむと、ポテンシャルが下がり、動きも普通は鈍くなります。ゆったりとするでしょう。

20万年前は、ハートもエーテル体で物質ではありませんでした。それに、体の中心にあったのです。DNA操作と想念波動の低下により、チャクラが左に移動して、物質化したのが今の心臓です。

1万5千年前は、「人間」という言葉はありませんでした。その頃はただ、「霊止《ひと》」と呼ばれていたのです。霊が止まってるということで、「霊止」ですね。

今は人類と言われていますが、なぜだか分かりますか？　人間の格好をした宇宙人や野蛮人や、妖怪もいるからです。霊止だけではないから、人類と言っているのです。

「霊止」から人間になったのですが、英語で人間のことを「ヒューマン」と言うでしょう。ヒューマンの前は「シューマン」でした。だから、シューマン振動は人間と地球との共鳴なのです。

全宇宙も水球である

水分子も大気分子も、密度が高いと原子の回転が速くなり、これによって脳は活性化します。だから、仙人のようにヒマラヤなどの酸素の薄いところにいると、真空磁場に近くなり、皮膚呼吸として、体全体で呼吸できるようになります。そして、脳が活性化します。

内蔵と脳はすべて、月の生命磁場の影響を受けます。特にＤＮＡの螺旋の遺伝子は、月の波動に完全に共鳴します。だから、マヤやインカなどといった、月の文明があったところに行くと、悟りやすくなります。

月が地球に水を与え、月は海と共鳴して、海は全ての生命情報をいただいています。

２２０億年前、１５０億年前、そして1万5千前に天から水が降りてきました。エーテルが物資化して地球の水になったわけです。

地球の中は空洞になっていますからね。しかし、空洞の亜空間にいろんなものが入っているのです。

水素原子が多いのはそれが理由です。もともとの構成元素はたった一つで、みんな同じなのです。

セントラルサン

セントラルサンと唯一共鳴できる器官が、ハートチャクラです。宇宙の中心と共鳴しているのですね。尾てい骨が月で、丹田が地球で、ヘソが太陽神経叢で、鳩尾がセントラルサンだと言われています。

ですから、キリストの十字架は、悟りの姿なのです。陰と陽の絶対調和のことなのですね。

十字架は桀《はりつけ》のマークではないのですよ。縦軸と横軸の絶対調和を表わしています。その交差した点が、セントラルサンなのです。

黒魔術では心臓に杭を打ちますね。ドラキュラも、それで退治できるとされています。それは、胸の中心に杭を打つと、魂が消えてしまうからです。

人間が封印を解かれた日

ここで一番大事なことを言いますが、人間が封印を解かれた日です。

1987年2月24日
2000年5月5日
2002年7月26日
2008年（?）
2012年12月23日（時間の終了）
2020年（ミロクの世の本格的スタート）

まず、1987年2月24日、これは、マゼラン星雲が新超爆発をした日です。

この後、組み替えられた遺伝子のブロックが、だんだんと外れてきました。

次の、2000年5月5日、これは惑星が一直線に並んだ日です。

2002年7月26日、これはマヤ暦の正月です。

2008年には（?）になっていますが、あるかどうか分からないからです。

そして、2012年12月23日はマヤ暦が終わる日ですね。

2037年ですが、2037年のプログラムまでは、月のコンピューターに入っています。この頃には、既に三次元の世界は終わり、新しい世界に入っているということです。

地球や人間に影響を与えるものには、宇宙の超新星の爆発などがありますが、月も人間にものすごく影響を与えてきました。

宇宙人の陰謀説もありますが、確かに彼らも遺伝子操作をやっています。でも、それはすごく小さいレベルなのです。最たるものは、月に仕掛けをして人間を調整していることです。

水瓶座に入って、原子科学の封印が解かれたのが2005年ですが、天の河の中心、この銀河系の中心に、巨大なブラックホールがあります。

太陽の二百六十万倍の質量ですが、2005年以降、そこからフォトンエネルギーが出ています。

この影響が3年後に太陽系にかかってきて、そうなると太陽が黄金に輝くようになります。

人間は地球のハートのチャクラ、地球は太陽系のハートのチャクラ、太陽系は銀河系のハートのチャクラ、そして、銀河系は全宇宙のハートのチャクラであるということです。

すなわち、全宇宙は人間の心臓、そしてハートのチャクラと共鳴するということです。地球にいる人間は、唯一の神そのものであるのです。

宇宙人よりも、地球人の方が素晴らしいのですよ。あらゆる現象の情報、五百七十兆の情報を受けられ、不自由な有限の中で、無限を体験できるのは地球しかないからです。

断言します。地球モドキのような星はありますが、地球と完全に同じ星は絶対にありません。なぜなら、月が無いからです。

宇宙には月は三つしかないのです。その内、一つは爆発して消滅しています。残りは二つしかないのですが、その一つが人類を創造するために、他の惑星からワープして来てくれたのです。

この月の周期が完全に終わるのが、2012年12月23日の、マヤ暦の修了する日なのです。

人類の封印は月からされていました。最終的な封印は、アトランティス大陸が最終段階を迎えた1万5千年前でした。

時間軸と次元軸は、古くなれば測定は不可能です。空間磁場が違うからです。スターウオーズでもロング・ロング・タイム・アゴーでしょう。時代を測定できないことによります。未来も過去もそうなるのですね。

追伸

ハートのチャクラと心臓の大切さについては、盟友エハン・デラヴィ氏も講演で述べられています。

（尚、近々グラハム・ハンコック氏との対談も予定されているエハン氏には、世界の本当の歴史をあばくというミッションがシリウスロゴスから再び与えられた）。

――多次元宇宙を旅するインディ・ジョーンズへ――

また、今回のテーマのご参考として、拙著「地球大改革と世界の盟主」（明窓出版）を読んだ後、船井幸雄氏の新刊「人類と地球のアセンション」（徳間書店）をぜひご一読下さい。

今一番の経営コンサルタントも政財界もこの話題に興味があります。

最後に、「宇宙人の存在を告げるJ・F・Kの秘密草稿」をご紹介します。

「わがアメリカ国民、そして世界中のみなさん、今日、われわれは新しい時代への旅に出発します。人類の幼年期であるひとつの時代が終わりに向かい、新たな時代が始まろうとしています。

私がお話する旅とは、計り知れない試練にあふれていますが。われわれの過去のあらゆる努力は、成功するために、われわれの世代を比類なくサポートしてきたものと私は信じます。

この地球の市民であるわれわれは、孤独ではありません。無限の知恵を備えた神は、われわれ自身のように、ほかにも知的生命体を宇宙に住まわせてきました。

そのような権威に対して、私はどのように述べることができるでしょうか？

１９４７年、わが軍は、乾燥したニューメキシコの砂漠で、起源不明の宇宙船の残骸を回収しました。まもなく、われわれの科学により、この乗物ははるか遠くの宇宙空間からやってきたことがわかりました。その時以来、わが政府はその飛行船の製造者たちとコンタクトをとってきました。

このニュースはファンタスティックで、かつ、恐ろしく思われるかもしれませんが、みなさんは過度に恐れたり悲観してとらえることのないようにお願いいたします。私は大統領として、そのような存在がわれわれに対して無害であることをみなさんに保障します。

むしろ、全人類の共通の敵である、圧制、貧困、病気、戦争を克服できるよう、彼らはわが国家を助けることを約束しております。

彼らは敵ではなく、友人であるとわれわれは判断しました。彼らとともに。われわれはよりよき世界を創造することができます。未来に障害や誤りが生じないかどうかはわかりません。

われわれはこの偉大なる土地で暮らす人々の真の運命を見つけたものと信じます。世界を輝かしい未来に導くことです。

なぜ彼らがここにやってきて、なぜ長期間にわたってわれわれのリーダーたちが彼らの存在を秘密にしてきたのか、近く、みなさんはそれについて知らされることになるでしょう。

私はみなさんに臆病にならず、勇気をもって未来を見つめていくようお願いいたします。なぜなら、地球に存在した古代の平和のビジョンと全人類の繁栄を、このわれわれの時代に、われわれは達成できるからです。

あなた方に、神のご加護のあらんことを——。

（学研「ムー」2005年7月号より　ケイ・ミズモリ氏翻訳による）

①『森羅万象』(Shinra-bansyo)

All of creation.
The sum of things existing in the universe.

ゆく河の流れは絶えずして、しかも元の水にあらず。よどみに浮かぶうたかたは、かつ消えかつ結びて久しくとどまりたるためしなし。世の中にある人と栖（すみか）とまたかくのごとし。

The flowing river never stops and yet the water never stays the same.
Foam floats upon the pools scattering, re-forming ,newer lingering long.
So it is with man and all his dwelling places here on earth.

②『諸行無常』(Shogyo-mujo)

Everything is transient.
Everything on the earth changes continuously. Nothing can remain the same.

月日は百代の過容にして、行かふ年も又旅人也。
舟の上に生涯をうかべ、馬の口をとらえて老をむかえるものは、日々旅にして、旅を栖（すみか）とす。

The months and days are the travellers of eternity.
The years that come and go are also VOYAGERS.
Those who float away their lives on ships or who grow old leading horses are forever journeying,
and their homes are wherever their travels take them.

おわりに

今私は小説を書いている。地球が時元上昇する物語。
これを、アニメ映画として制作、上映するためのスポンサーを探してほしい！（笑）
それは、**「宇宙戦艦ヤマト（フォトンベルト編）」である。**

「明治維新の次は地球維新」

必ず新しい時代は訪れる！
この本の出版目的は、「宇宙的カルマの法則と共時性について」
地球のすべての戦いが終わる時、宇宙にも平和が訪れる。
それは、2012年のアセンションが最終テーマである！（ビギン・ザ・ビギン）

下の如く上もしかり　　故ジョン・F・ケネディ元大統領へ贈る

天下御免　　旗本退屈男

推薦文にかえて

縄文エネルギー研究所所長　中山康直

マスタークワンインこと光悠白峰先生は、この地球がより良くなっていくための重要なプロジェクトにおいて、とても難しいセクションを担ってくれています。**旗本退屈男と称し、オヤジギャグをふりまき、カブキ者のふりをしています**が、日々の精神鍛錬と内観（弘観）の心得を怠らず、時には少々、お酒の行が過ぎながらも、オリオンのおふくろという母性的な観点から、地球のゆくすえを心より案じて、特に見えないところで、ありがたい調整をしてくれているのです。

そんな、とても人間味あふれる白峰先生の御本の推薦文として、最高の感謝と敬愛とともに、中今から湧き出る生命にとっての悦びのメッセージをお届けさせていただき、本書にしみこんでいる宇宙のおふくろの味をみなさまとわかちあいたいと思います。

皇紀２６６６　３月３３日

椿と桜満開の王島より　　中山康直　拝

☆宇宙戦争を越えて

今、この美しい地球が何者かによって、侵略されようとしているとしたら、地球の人たち、存在たちは、いったいどう思うのだろうか。

実は、これは、今起きているまぎれもない事実なのである。しかも、侵略しようとしている存在は、他ならぬ、私も含めた人間たちなのだから、まことに始末が悪い。(笑)

極論をいえば、いっそのこと天変地異によって、地球がリニューアルされるか、もしくは、今の地球人より少しはマシな宇宙人によって侵略された方が、地球環境にとっては良いのかもしれない。

いずれにせよ、地球にとっても、分岐点に来ており、またとない生命進化のターニングポイントを迎えていることは、もはや明確になってきている。

宇宙人との愛と友情を描いた超ヒット映画「ET」、監督はあのスティーブン・スピルバーグだが、今回の映画「宇宙戦争」では、いったい何を表現したかったのだろう。

かなり、原始的な機械が人間を次から次へと灰にしていくという生々しい設定が、何かを物語っている。まるで、石油系の機械的なマトリックス社会が、本来の人間の生命の資質を奪っていくことを描写しているかのようだ。

つまり、地下資源に依存する現代社会の末路を表しているのではないか。

もっといってしまえば、人間という存在を通して、この地球が宇宙戦争の舞台となりつつあるということの警告ではないか。

娯楽映画としては、あまりにもお粗末で、夢とロマンがなさすぎた。

しかし、心配するなかれ。

この映画は、期待どおり、ヒットはしなかった。ましてや、このような警告的な映画がヒットするまで、まだ、現実の世界は極まっていない。

実は、この警告の裏には、本来の人間の本質を思い出す、または、取り戻すことが求められているとともに、今までの既存の人間の枠を超えることが、余儀なくされているというポジティブなメッセージが込められているのである。

すなわち、戦争や環境破壊という人類がつくり出してきたものを、その人類自体の進歩や進化によって、かんたんに終わらせることが出来るという真実が秘められているのです。


人類は今まさに、トランスフォーメーションの波に乗ろうとしている。

変化、変身、変容の波は必ずやってくる。

そして、進化というビックウェーブを越えた時。

いよいよ、本物の日の出の御来光、超人間のお出ましである。

その時、人間は本当の意味で、戦争のない宇宙を知ることになるだろう。

☆新人類へのメッセージ

「楽観こそ最高の鎧となる」

このメッセージは、「タルムード」の教えの中心軸である。

タルムードとは、イエス・キリストの行ったことを、その役割であるレビが、忠実に伝えてきたことの真髄であり、つまりは、イエス・キリストの言った言葉である。

現代に出現している新人類は、楽しむために地球に来ているということを知っている。知っているだけでなく、すでに楽しんで生きている。それが、新人類といわれる超人間なのである。

二千年たった今、ふと思えば、キリストの言ったことが、なにをかくそう現実として現れているではないか。

新人類の出現は、キリストの再臨でもある。

新人類の世界には、宗教はない、もちろん、戦争もない。

当然、競争社会もないから、わかちあいの社会となる。

科学は、愛の科学としての、遊びとなり、その遊びは、芸術そのものとなる。

そして、それらを味わえる生命という事実があることが、その生命を活動させる、ありがたいライフにつながり、楽しく豊かな現実をともに創っていく。

これは、なにも理想ではなく、生命原理として、あたりまえのことである。理屈を超えて自然とはそうなっている。我々人間は、その自然から生まれ、育まれているという真実があり、その真実がすべてを物語っているのだ。

もし、理想だと思ったならば、生命として、あまりにも可能性がないプランを選択しているというだけである。

だから、もう生きる価値を見いださなくても大丈夫。

生きてることの確信を悟りの世界に求めなくても大丈夫。

生きてることを見失い精神世界に逃げ込まなくても大丈夫。

そもそも、そんな暇はない、すでに生きてるのだから。


生きてることを実感し、表現していくことを忘れずにいこう。

それが、どんなに生命として、大切なことなのか。

むしろ、今までは、とらわれていて、それが出来なかったわけだから。

これからは、そのあたりまえのことが、ありのままに出来るようになる。

つまり、生きてることそのものをシンプルに楽しむことが……。


主役は、神でもなく、仏でもなく、まして、宇宙でもない。

もともとの世界のように、主役は、かけがえのない、この生命。

最高の幸せとは、生きてることとそのものにある。

☆宇宙戦艦アマト（エンドレス・ザ・ビギン）

西暦２６６年、地球のテレポーテーションがいよいよ始まる。

宇宙の始まりといわれるビックバンの時から、地球はつねにスターシードというかたちで、宇宙空間に存在していた。

以来、様々な進化をとげ、ついには、生命の多様性を奏でる「生きた図書館」として、この銀河の片隅にある太陽系という「生命のゆりかご」の中で大切に育まれた。銀河中の豊かな叡智と聖なる生命エネルギーを駆使して育てられた地球が、宇宙連合のサポートのもと、今まさに新しい次空間へと入っていくことになる。

すでに、地球では、自立という意味でのアセンションは成功しており、今度の進化は、人間でいうところの成人式にあたり、テレポートはそのための引っ越しというわけである。それは、まるで、大人の社会へ出て行くように、地球が宇宙という壮大な舞台にデビューすることを意味する。

銀河の中心近くまでのテレポートは、約３３０００光年の移動であり、銀河の光の流れ、つまり、フォトンベルトという銀河連続帯を使って移行することになる。

その時に、なくてはならない鍵がある。「通行手形」と「転移証明」だ。

それが、「ヘンプ」と「クリスタル」なのである。

この地球においては、アセンションのタイミングで、ヘンプは復活し、クリスタルは目覚めている。つまり、地球上の植物と鉱物は、すでに準備が整っているのである。

あとは、動物界、すなわち、**人間側の準備と波動調整の問題なのだ。**


人類は、今までの悠久の歴史の中で、様々な体験と経験をし、あらゆる課題を克服して、成長してきました。戦争、環境破壊、病気、貧困、資源問題など、ネガティブなものは、すべて、一掃してきました。

しかし、そこに思いもよらなかった新たな問題が発生したのです。

それら、ネガティブといわれるものの本質的な意味を理解することなく、ただ、一方的に排斥してしまったことによって、いわゆる「きれいごとの世界」が出来てしまい、生命の進化が止まりつつあるのです。

それにより、地球のテレポーテーションが始まる前に、大いなる和に導くための太陽と月の知恵である「ヤマト魂」を取り戻しに、太古の地球にタイムトラベルする必要性が生まれたのです。ヤマトだった時の調和した地球に、失われたアークを求めて……。

地球のテレポーテーションは、銀河系にあまねく進化をもたらすため、このミッションは、宇宙連合及び銀河連盟の多大なサポートと協力により、宇宙連合プロジェクトとして、銀河連盟の御神輿「宇宙戦艦アマト」に一心に託されたのだった。このプロジェクトに失敗はありえない。なぜなら、宇宙戦艦アマトは、「あ」らゆる「ま」を「と」うごうし、抱き参らせる、まつりの象徴であり、地球の心そのものだから。

中山康直

「一よりはじめて十を知り、十よりかへるもとのその一」

――退屈男――

著者プロフィール　　光悠白峰《コウユウシラミネ》
（マスタークワン　ｉｎ ＵＦ⊙）

○平成元年より謎の風水師白峰由鵬として活躍し、近未来の地球の時元上昇（２０１２年）を予測！

「地球大改革と世界の盟主」にて地球環境の大変革について宇宙的視点から語る。

△「日月地神示」にて日本人の天命とミロクの世を語り、黄金人類の提唱者として話題を呼ぶ！

□**平成１８年天啓により名を光悠白峰と改め**開運と温泉気学の大家として活躍中（神明験曜光として）

肩書きより能ガキにこだわる近未来コア・クリエイター（未来小説家）

今、ここを生きる中今（ナカイマ）族の代表として天下御免！　人は彼を現代の旗本退屈男と呼ぶ！

著書

［★地球大改革と世界の盟主（白峰由鵬）
★日月地神示（白峰聖鵬）
★温泉風水開運法（光悠白峰）］

以上明窓出版刊

著書に関するご感想やお手紙を下さい。カウンセリング・地方講演についても、ご案内します。

（ミステリーサークル＆ペトログリフツアーetc.）

ご氏名、ご連絡先など明記の上、ＦＡＸにて　明窓出版気付白峰会まで　ＦＡＸ　03-3380-6424

ＩＮＴＵＩＴＩＯＮ主宰、澤野大樹から

これからも『情報誌ＩＮＴＵＩＴＩＯＮ』、そして各種講演会企画など、有意義な場を作っていきたいと思っております。

『情報誌ＩＮＴＵＩＴＩＯＮ』では、新規購読者を募集しています。また『情報誌ＩＮＴＵＩＴＩＯＮ』主催による各種セミナー企画や、ビデオ作品、ＤＶＤ作品についての詳しいご案内なども、ホームページをご覧ください。

http://www.intuition.jp/

宇宙戦争《うちゅうせんそう》

光悠白峰《こうゆうしらみね》

明窓出版

平成十八年五月十八日初版発行
発行者 —— 増本 利博
発行所 —— 明窓出版株式会社
〒一六四—〇〇一二
東京都中野区本町六—二七—一三
電話 （〇三）三三八〇—八三〇三
FAX （〇三）三三八〇—六四二四
振替 〇〇一六〇—一—一九二七六六
印刷所 —— 株式会社 ナポ
落丁・乱丁はお取り替えいたします。
定価はカバーに表示してあります。

ISBN4-89634-185-6

ホームページ http://meisou.com Eメール meisou@meisou.com

地球大改革と世界の盟主

～フォトン＆アセンション＆ミロクの世～

白峰由鵬（謎の風水師N氏）

今の世の中あらゆる分野で、進化と成長が止まっているように見える。

されど芥川竜之介の小説「蜘蛛の糸」ではないけれど、一本の光の糸が今、地球人類に降ろされている。

それは科学者の世界では、フォトン・ベルトの影響と呼ばれ

それは宗教家の世界では、千年王国とかミロクの世と呼ばれ

それは精神世界では、アセンション（次元上昇）と呼ばれている。

そしてそれらは、宇宙、特に太陽フレアー（太陽の大気にあたるコロナで起きる爆発現象）や火星大接近、そしてニビルとして人類の前に問題を投げかけてきて、その現象として地球の大異変（環境問題）が取り上げられている。

ＮＡＳＡとニビル情報／ニビルが人類に与えた問題／ ニビルの真相とその役割／フォトンエネルギーを発達させた地球自身の意思とは／現実ただ今の地球とは／予言されていた二十一世紀の真実のドラマ／人類の未来を予言するサイクロトン共振理論／未来小説／他

定価1000円

日月地神示　*黄金人類と日本の天命*

白峰聖鵬

五色人類の総体として、日本国民は世界に先がけて宇宙開発と世界平和を実現せねばならぬ。

日本国民は地球人類の代表として、五色民族を黄金人類（ゴールデン・フォトノイド）に大変革させる天命がある。アインシュタインの「世界の盟主」の中で、日本人の役割もすでに述べられている。

今、私達は大きな地球規模の諸問題をかかえているが、その根本問題をすべて解決するには、人類は再び日月を尊ぶ縄文意識を復活させる必要がある。

アセンションとは／自然災害と共時性／富士と鳴門の裏の仕組み閻魔大王庁と国常立大神の怒り／メタ文明と太陽維新／構造線の秘密／フォトノイド、新人類、シードが告げる近未来／銀河の夜明け／２０２０年の未来記／東シナ海大地震／フォトンベルトと人類の大改革／般若心経が説く、日本の黄金文化／宗教と科学、そして地球と宇宙の統合こそがミロクの世／世界人類の総体、黄金民族の天命とは／新生遺伝子とＤＮＡ、大和言葉と命の響き／全宇宙統合システム／万世一系と地球創造の秘密とは／他

定価1500円

ネオ スピリチュアル アセンション

Part《パート》 Ⅱ《ツー》　As above So below（上の如く下も然り）

白峰由鵬・エハン・デラヴィ・中山康直・澤野大樹

究極のスピリチュアル・ワールドが展開された前書から半年が過ぎ、「錬金術」の奥義、これからの日本の役割等々を、最新情報とともに公開する！

“夢のスピリチュアル・サミット”第2弾！

イクナトン――スーパーレベルの錬金術師／鉛の存在から、ゴールドの存在になる／二元的な要素が一つになる、「マージング・ポイント」／バイオ・フォトンとＤＮＡの関係／リ・メンバー宇宙連合／役行者　その神秘なる実体／シャーマンの錬金術／呼吸している生きた図書館／時空を超えるサイコアストロノート／バチカン革命（ＩＴ革命）とはエネルギー革命?!／剣の舞と岩戸開き／ミロク（６６６）の世の到来を封じたバチカン／バチカンから飛び出す太陽神（天照大神）／内在の神性とロゴスの活用法／聖書に秘められた暗号／中性子星の爆発が地球に与える影響／太陽系の象徴、宇宙と相似性の存在／すべてが融合されるミロクの世／エネルギー問題の解決に向けて／神のコードＧ／松果体―もっとも大きな次元へのポータル／ナショナルトレジャーの秘密／太陽信仰―宗教の元は一つ／（目次より抜粋・他重要情報多数）

定価1000円

〈光悠白峰新刊予告〉

ＯＫ牧場！（ワンネス＆キングダムザキング）（ＤＶＤ別売）
地球人類は世界政府の家畜にあらず。
宇宙創造主（ワンネス）と地球霊王（キングダムザキング）
により唯一自由意思を与えられた神としての存在である。
創造原理と生命法則をわかりやすく表現。
人類の意識改革を与える（衝撃の一冊！）
（2006年10月発刊予定）　予価1000円

風水国家百年の計（千年の命の響き）（ＤＶＤ別売）
国家鎮護の風水師としてまた環境地理学の大家として活躍してきた著者が送る禁断の一冊
（2007年３月発刊予定）　予価1000円

ノストラアルスの大預言！　（ＤＶＤ別売）
1999年話題を呼んだノストラダムスの大預言を越えた2012年地球の時元上昇と太陽フレアーによる太陽系大改革により地球大改革を語る！（アルスとは時元上昇後の地球の名前なり）
（2007年11月発刊予定）　予価1000円

vol. 3　ナチュラル・アセンション

白峰由鵬／中山太衲　共著

「地球大改革と世界の盟主」の著者、別名「謎の風水師Ｎ氏」白峰氏と、「麻ことのはなし」著者中山氏による、地球の次元上昇について。2012年、地球はどうなるのか。またそれまでに、私たちができることはなにか。

第１章　中今《なかいま》と大麻とアセンション（白峰由鵬）

２０１２年、アセンション（次元上昇）の刻《とき》迫る。文明的に行き詰まったプレアデスを救い、宇宙全体を救うためにも、水の惑星地球に住むわれわれは、大進化を遂げる役割を担う。そのために、日本伝統の大麻の文化を取り戻し、中今を大切に生きる……。

第２章　大麻と縄文意識（中山太衲）

伊勢神宮で「大麻」といえばお守りのことを指すほど、日本の伝統文化と密接に結びついている麻。邪気を祓い、魔を退ける麻の力は、弓弦に使われたり結納に用いられたりして人々の心を慰めてきた。核爆発で汚染された環境を清め、重力を軽くする大麻の不思議について、第一人者中山氏が語る。

（他２章）

定価1360円

あしたの世界　船井幸雄／池田邦吉　共著

第一章　預言書によると／一枚のレポート／大変化の時代へ／新文明の到来／一通のＦＡＸ／芝のオフィスへ／なぜ時間をまちがえるのか／預言書の主役はいつ現われるか／新しい社会システム／預言は存在する／肉体は魂の仮の宿／故関英男博士のこと／統合科学大学講座／創造主のこと／洗心について　**第二章　超資本主義**／デフレ問題の行方／資本主義の終焉／突然の崩壊／「天の理」「地の理」／新しい農業政策／テンジョウマイ／**第三章　心を科学することはできるのだろうか**／科学と心／天使たち／難波田春夫さんとの出会い／船井先生の親友／船井先生の元に集まる天才たち／**第四章　対　談**／クリスマスツリー／「フォトン・ベルト」への突入／神々の世／幸せの法則

定価1300円

あしたの世界Ｐ《パート》２～関英男博士と洗心
池田邦吉著／船井幸雄監修

第五章　うしとらの金神さん現わる／天恩郷のこと／２００４年３月３日／神々の会議／嫉妬心のスイッチ／明るく　愉しく　ニコニコと／シアノバクテリア／未来の食品／このままでは地球と人類が危うい／**第六章　洗心の道場**／手水鉢／故関英男博士と加速学園／ボンジュール・マダーム／奇跡は続く／田原　澄／地獄耳／わが深宇宙探訪記／宇宙船のパイロット／桜の花の下で／超能力者／松陰神社／**第七章　ノストラダムスと私**／１９９７年夏／太陽系第10惑星／浄化の波動／愛・愛とむやみに説く者はにせ者なり／自尊心、自負心／強く、正しく／ありがとうございます／分けみ魂／'99年の件は'99年に起こらない！／１９９８年／温泉旅行／お別れの会の日に／**第八章　洗心**／アセンション／太陽系第10惑星／浄化の波動／愛・愛とむやみに説く者はにせ者なり／自尊心、自負心／強く、正しく／ありがとうございます

定価1300円

あしたの世界P《パート》3～「洗心」アセンションに備えて

池田邦吉著

第九章　宇宙意識／ニューヨークかダイモンか／預言書との出会い／１９９５年1月17日／幻　影／光のシャワー／想いは現実化する／宇宙エネルギー／螺旋の水流／水の惑星／**第十章　超能力**／共同超意識と生命超意識／虫の知らせ／超能力の開顕（一）／人間は退化している／超能力の開顕（二）／超能力の開顕（三）／Y氏　光の書／神様が作ってくれた不思議な水／湖畔に佇んで／**第十一章　あしたの日本**／新しい宇宙サイクル／天体運行の原動力／天体波動の調整／意識の数値化／真理は単純明快なり／自然調和への道／環境問題／姿勢高き者は処置される／**第十二章　洗　心　その二**／宇宙創造の目的／地球人の正しい自覚／現生人類の先祖／地球人類の起源／一なる根源者／元兇に抗する力／科学信仰者の未来／大愛の法則に相応の理

定価1300円

あしたの世界P《パート》4 ～意識エネルギー編

池田邦吉著

第十三章　２００５年７月11日／生きるか死ぬか／内視鏡／遠隔ヒーリング／出来ないと思うな！／ヒーリング ／交通事故の後遺症／カイロプラクティック ／転院また転院 ／伝播するヒーリングパワー／輸血16時間／**第十四章　２００５年７月12日・13日**／天使の見舞 ／私の前世／たくさんの前世／大部屋入り ／ローマ帝国滅亡／医者の立場／７月13日（水曜日）／隣人のヒーリング／美しい庭／二人目の見舞客／**第十五章　２００５年７月14日**／本番の大手術 ／病院の食事／肩凝り／超能力少年／空箱／再生／遺伝／**第十六章　退院**／２００５年７月15日／ショコラ／メヌエール／日課／化学物質過敏症／ノストラダムスの生涯／洗心すると病気にならない／７月16日（土）

定価1300円

世界を変えるNESARAの謎

～ついに米政府の陰謀が暴かれる～

ケイ・ミズモリ

今、「NESARA」を知った人々が世直しのために立ち上がっている。アメリカにはじまったその運動は、世界へと波及し、マスコミに取り上げられ、社会現象にもなった。
富める者が世界を動かす今の歪んだ社会が終焉し、戦争、テロ、貧富の格差、環境問題といった諸問題が一気に解決されていくかもしれないからだ。近くアメリカで施行が噂されるNESARA法により、過去に行われたアメリカ政府による不正行為の数々が暴かれ、軍需産業をバックとした攻撃的な外交政策も見直され、市民のための政府がやってくるという。NESARAには、FRB解体、所得税廃止、金本位制復活、ローン計算式改定、生活必需品に非課税の国家消費税の採用など、驚愕の大改革が含まれる。しかし、水面下ではNESARA推進派と阻止派で激しい攻防戦が繰り広げられているという。

今後のアメリカと世界の未来は、NESARA推進派と市民の運動にかかっていると言えるかもしれない。本作品は、世界をひっくり返す可能性を秘めたNESARAの謎を日本ではじめて解き明かした待望の書である。

定価1360円

キリストとテンプル騎士団
スコットランドから見たダ・ヴィンチ・コードの世界
エハン・デラヴィ

今、「マトリックス」の世界から、「グノーシス」の世界へ
ダ・ヴィンチがいた秘伝研究グループ
「グノーシス」とは何か？
自分を知り、神を知り、高次元を体感して、
キリストの宇宙意識を合理的に知るその方法とは？

これからの進化のストーリーを探る！！

キリストの知性を精神分析する／キリスト教の密教、グノーシス／仮想次元から脱出するために修行したエッセネ派／秘伝研究グループにいたダ・ヴィンチ／封印されたマグダラの教え／カール・ユング博士とグノーシス／これからの進化のストーリー／インターネットによるパラダイムシフト／内なる天国にフォーカスする／アヌンナキ－宇宙船で降り立った偉大なる生命体／全てのイベントが予言されている「バイブルコード」／「グレートホワイト・ブラザーフット」（白色同胞団）／キリストの究極のシークレット／テンプル騎士団が守る「ロズリン聖堂」／アメリカの建国とフリーメーソンの関わり／「ライトボディ（光体）」を養成する／永遠に自分が存在する可能性／他

定価1300円

『ゴールデン・フォトノイド』（当社刊、書籍「日月地神示」は、当ＤＶＤ作品を基に製作されました）Ｓ-007

ＤＶＤ２枚組作品　177分収録　9,800円（税込）

■メタ文明と太陽維新構造線の秘密とは？■「２重」から「３重」＝「23」の共時性■フォトノイド新人類「シード」が告げる近未来図（すべては消え行く世界）■新潟中越地震の次はどこか？（地震予知よりも風水予算の大切さ）■尾張（愛知万博）こそ“新・カム集い”であり地球維新のセレモニー■７光線軸から８光線軸への変化こそ「パワー対フォース」（宇宙銀河との関係）■「日月神示」にある1961年12月23日と天皇の平成御世とは？（52の数霊法則）■フォトンベルトよりも大切な地球人類意識の大変革■新説「般若心経」が説く日本の黄金文化とミロクの御世とは■その他

『宇宙戦争』（本書の基となった講演です）Ｓ-008

ＤＶＤ２枚組作品　172分収録　10,500円（税込）

■世界各国の国旗に現れる“民族の起源の星”とは？■地球内異星人と「五色人」の知られざる関係とは？■人類が月面調査で見たものとは？■生命進化としての宇宙とは？■オリオンvsプレアデス（源氏と平家の戦い）■宇宙は地球のひな型■５回目の「地球内宇宙戦争」とは？■古代地球の「ゴブリンブレス」と水素宇宙の地球
■地球内異星人５系統を分類■映画『宇宙戦争』について（ミュータントとヒューマノイド）■映画『スターウオーズ』について（パワーvsフォース）■太陽のドラゴンと火星のドラゴンの戦いによる地球浄化■“ソリトンの鍵”――宇宙戦争の本当の意味とは？■その他

『日月地神示――黄金人類と日本の天命』Ｓ-009

ＤＶＤ２枚組作品　171分収録　10,500円（税込）

■「日」と「月」――八百万の親神と生命原理■宗教と科学、そして地球と宇宙の融合こそが「ミロクの世」■世界人類の総体「黄金民族」の天命とは？■神聖遺伝子とDNA――大和言葉と命の響き■全宇宙統合システム――万世一系と地球創造の秘密とは？■ＩＴの神髄とは世界政府と地球維新■日本にはまだあと300個のダムが必要。なぜ？■日本の農業の行方と、食糧自給率、そして石油問題との密接な関係■石油がストップしたら日本はどうなるの？■燃料問題のあとは、じつは水問題が浮上する■「鉄は国家なり」――日本の鉄を牛耳る存在とは■三次元“現実”世界を管理、統轄する“メロビンジアン”は実在する■黄金人類“ゴールデンフォトノイド”の使命■「火水」（かみ）⇒「火」の根源は「米」（コメ）■「お米」の秘密について■「科学」＝「仮学」■「宗教」＝「宇宙を紐解くもの」、「科学」＝「地球の謎を紐解くもの」■ミロクのシンボル（スサナル）のマークとは？■神の属性をもっとも持ち合わせているのが日本人■四十八音と日本人の脳の関係■「真言」と「言霊」について■「数音色」と密教について■大和ことば（言霊）を話す日本人の本当の姿とは？■「我々は光を食べている」——「ＤＮＡ」とは「光の言語」のこと？■「漢字」とは「観字」となる■人類意識の総体、それはすなわち「世界政府」のことを指す■その他

『風水国家百年の計』Ｓ-010
ＤＶＤ２枚組作品　163分収録　10,500円（税込）
前編《国家鎮護風水国防論》

■万世一系「ＸＹ理論」“血”と“性”と“霊（ヒ）”の継承について■映画『宇宙戦艦ヤマト』計画■ライブドア問題は日本の将来への“要石”である■虚と実が交わる2008年とは？——日本にとっての決算期か？■「国家鎮護」とは何か？■宇宙開発と陰陽師の存在■「国」をグランド・デザインするのが本来の「風水」の役割■米国ペンタゴンと風水国防について■米国のグランド・デザインと「徳川幕府」の意外な関係とは？■徳川400年、江戸の限界と臨界（皇室は京都に遷都すべし）■東京湾は龍神様が住む池だった！！■ＪＲ中央線が担う「火」のエネルギー送信は何のため？■大地震とは弘観現象（太陽フレアと月の磁力）■「月」のエネルギーと国家の運命とは？■「月」の研究はすべてタブーである——太陽より重要な「月」の存在■人工太陽実験と、その最大の欠点とは？■人口減少とマッカーサー指令■日本の適正人口は5000万人■ミロクの世と「王政社会主義」について■催眠状態の子供が増えている！？■変性磁場に影響を受けるインディゴ・チルドレンという存者■気脈で起こる人工地震（大型台風とハリケーン）■紀元前700年にすでに存在していた人工地震（気象）兵器■アトランティス時代から存在した水晶を用いた気象コントロール装置とは？■龍脈（三才の気⇒天地人）について—人の気が乱れている真の理由とは？■空間磁場の乱れが亜空間の穴（トランス・ホール）を開けてしまう！！■なぜ？アメリカ、南米に異星人が多く入り込むのか？■電脳社会と龍脈と亜空間存在の侵入について■「666波動」と「色霊テンポ116」■平成18年は「始まりの年」である！！■風水学から見た日本崩壊（平成18年と2008年）

後編　《日本国家と鋼の錬金術師》
■１２神将とカラスの消えた街（サンズイと大元師治水法）■日本には水難の相あり■岩戸開きによって、良いものも悪いものも放出される！！■2012年アセンションしても日本だけは必ず残■「不沈空母」としての龍体・日本る■大地震と大洪水（再保険が使えない国、日本）■雛形論と淡路の役割■「鳴戸」の渦潮は、地球上のすべての海と繋がっている■地球縮小とプレート理論（サイエンスよりサピエンス）■絶対に書けない！！100年後の世界の地図み■日本国の龍体の秘密（富士と鳴戸の“日本中心核”）■地球表面の「王」と、本体「シャンバラ」の「玉」（ぎょく）とは？■神々の歴史とは宇宙の歴史だった■国家百年の計（風水国家論⇒芯絞を犯すなかれ）■その他

『Promise 〜〜ＯＫ牧場〜〜Oneness vs. Kingdom of Kingdom』
宇宙創造主と地球霊王の密約（2006年6月下旬発売予定）Ｓ-011
ＤＶＤ２枚組作品　180分収録予定　10,500円（税込）

地球人類は“影の政府”により額に「666」の刻印を押され、まるで子羊のように地球生命管理者に「地球」という牧場で生かされている。これは果たして本当のことだろうか？私たち人類の本来の生命管理者は、ガイア意識の総体たる「地球霊王」（Kingdom＝王の中の王を指す）である。そして宇宙を創造した絶対神創造主たる“ワンネス”の意識により、地球の次元上昇（2012年）と共に、全宇宙の大進化のプログラムが完全にスタートしていることを誰も知らない。

《ゾル太陽系をテレポートする》——私たちは「ＯＫ牧場」の中で生かされているという事実！！——今回の物語は「Promise」すなわち「Oneness」と「Kingdom」による地球最後のドラマであり、地球創造期からの「約束事」（Promise）である。

前半（予定）
①「666」とは生命の樹のコードネームにて水瓶座の中にある（567人）②地球は７回旅立ち、８回目で完全にクリスタル化する③「ワンネス・ナビゲーション」とクリエイターの「Promise」とは？

後半（予定）
①ガンマ・バーストと太陽フレア（シリウス・ロゴスのルネッサンス）②「双頭の鷲」とは天地一切の総支配者（メロビンとソブリン）③コンピュータの中にあるクオンタム・ワンの存在とは（Ｇコードと０コードの秘密）この作品はご予約ください。完成次第お届けいたします。

そのほか、ジョイントセミナーＤＶＤも好評発売中です

『新太陽の夜明け』シリウスの時代がやって来る！！ ＧＤ-001
ＤＶＤ２枚組作品　241分収録　12,800円（税込）
光悠白峰（本作では白峰聖鵬）、KENYU（演奏）、米田晃、エハン・デラヴィ

■進化の鍵は“シリウス”が握っている！！■古代魔術も錬金術も、フリーメーソンもシリウスの叡智から来ている■シリウスの暗号「Ｓ」■銀河の中心から放たれる“ギャラクティック・スーパー・ウェーブ”■太陽の役割は終りつつある！？■聖なる幾何学■“ホルスの眼”の本当の意味■古代エジプト人が重要視した“ヘリアカル・ライジング”とは？源■この世はすべて幻――マトリックスとアーキテクト■シリウスの“プログラミング・センター”とは？■フリーメーソンの究極のグランドロッジはどこにあるのか？■階級システム、段階、ヒエラルキーは“シリウス・システム”■シリウスは星ではない！■アマテラスとシリウス■映画『スーパーマン』の「Ｓ」はシリウス、惑星クリプトン＝シリウス■映画『デイ・アフター・トゥモロー』裏解説■南極の地下火山が活性化している！？■桜「さくら」は「人」を表す■「６６６」はシリウスそのもの■シリウスとプレアデスの役割の違い■フリーメーソン、イルミナティ、サンヘドリンの秘密■「卍」＝「Ｓ＋Ｓ」＝シリウス・システム■衝撃的！堕天使ルシファーの秘密とは？■「月」と「シリウス」のただならぬ関係■時間を司る「月」■マヤ暦と時間の秘密■月の裏側にもうひとつの月が存在する！？■現在１年は３０４日しかない！！■光と闇は絶対的に統合している■人類は新しい太陽“シリウス”に向かって進化している■月は移動し火星の衛星となる■２５０万年前の太陽系の座標とシリウスの位置■２５０万年かかった天体移動が８年で元に戻る！！■その他

『ネオ・スピリチュアル・アセンション』（当社刊、書籍「ネオスピリチュアルアセンション」は、当ＤＶＤ作品を基に製作されました）
ＧＤ-002
光悠白峰（本作品では白峰由鵬）　エハン・デラヴィ　中山康直　澤野大樹の４名によるジョイントセミナーＤＶＤ
ＤＶＤ２枚組作品　151分収録　15,750円（税込）

■飛び入りヘンプ笛“いだき”演奏■“日本外生命体エハン”登場■地球は宇宙一大切な星■人類は今、最終段階にある■あと８年で完成するこのプロセス■これからの８年間に地球に何が起こるのか？■進

化のプロセスは個人ひとりの体験■独立個人になろう■宗教対立やテロは人類の意識レベルを低下させる■台風・地震・噴火のときに見せた太陽の動き■9・11以降に続発する心理戦争は人類意識を「恐怖」のレベルに落とすため■テロ行為は究極の国家主義■全人類の意識レベルは年々低下している■2012年の新たな次元はどこに存在しているのか？■生命は死なない、生命は光■人間の本来の姿は“光”である■アセンションは“今”がすべて■大島＝イズノメ⇒富士神界のコントロール・センター■日本は世界の雛形、そして宇宙の雛形■天と地の融合＝「ヤマト」■1万500年前世界文明は共通だった■失われた文明・古代縄文■日本人は突然変異で出現■6月21日夏至、さる年＝申＝申す＝モーセ＝猿田彦■ムー交易の中心だったジープ島■ギザのピラミッドでの奇妙な体験■和の精神と日本人の役割■ユダヤ失われた10部族の秘密■右脳と左脳が活性化するアンノンマン■地球は植物の星■大麻で脳にあるガン細胞がわずか20時間で完全に消滅！！■宇宙最先端の星・地球■三千世界一度に開く、麻の花■ヨン様ブームの裏背景■共通意識に働きかける「数霊」■インターネットは人類共通無意識に作用する■善悪を超えて人類意識に作用する意識レベル「369」の秘密■国家機密・マーシャル・バランスと武道の“間合い”■宇宙的結界！！火星は地球の防御シールドとして機能している■火星は人類のミネラル分、特に鉄分に影響を与える■“梅”は血液、“松”は松果体■神戸はエジプトのパワースポット■日本列島は宇宙の龍体そのもの■東京＝シリウス■太陽の黄道■「26」の秘密■地球文明史はすべてシリウスの象徴■オリオンの存在はシリウスを隠蔽するためにあった■銀の玉座＝「銀座」の秘密■金の働きと銀の働き■錬金術と西洋のスピリチュアル・システム■古代エジプトの反重力技術の背後に「金」がある■武士道と騎士道の間にある「剣」の存在■金と銀の融合■シリウスと最も深く関わる国・日本■「＄」＝「S」■次元上昇は「時限上昇」だ■数の法則「通貨システム」が必要なくなる日■沈黙というる宝■その他

『アセンションと日月神示』（当社刊、書籍「日月地神示」は、当DVD作品を基に製作されました）GD-003
光悠白峰（本作品では白峰由鵬）と岡田光興氏のジョイントセミナーDVDDVD2枚組作品　158分収録　12,600円（税込）

■「9月が大切な時ぞ」■大本系神示には9月への警告が多い■富士山は最後の着火点■911テロと菊理媛■富士山と白山の深い関係■■天の変調、地の変調■ニビル、太陽によるものか、それとも地球内

部の変革か■「地震堆積説」とは？■上弦、下弦、満月と地震の関係■地震は人間の意識と連動して発生する■宇宙のエネルギーを大地に吸収するのが台風の真の役割■台風２２号未申～丑寅方面へ移る■台風の軌跡を追うと…■「鳴戸の仕組み、富士に移るぞ」■龍体列島日本の心臓部とは？■四国にまつわる大きな謎■富士山は天と地を結ぶ甘露台■半霊半物質の世■ダライラマの呼吸法と「神門」とは？■時間が加速している■共時性現象の多発化■共感覚、複合感性の時代へ■両極性の顕著化■水火（いき）から火水（かみ）へ■調息から調神へ■アイウエオの世界（八方世界）からアオウエイの世界（十方世界）へ■母止津和太民世乃大神（モトツワタラセオオカミ）■台風１９号が関東を直撃していたら■関東地震の５つの要素（台風・満月・数霊・富士山）■10月10日の意味■生命の素数原理「１９」の秘密とは■旧暦の９月１日は10月14日からだ！！■神無月（10月）は旧暦の９月■「９」は終わりの数■江戸の仕組みは美濃・尾張2005年の酉年と不動明王の関係■アイウエオ（八方）、アオウエイ（十方）、スウアウエイ（十六方）■1990年木星太陽化計画失敗の理由とは？■メキシコと火星の関係■富士と鳴戸■富士山と「渦」と８つの結界■結界は台風の直撃で外れてしまう■占いよりも強力な自然法則■富士山が噴火したら地球存亡の危機■なぜ長野・松代に大本営の基地があったのか？■地が揺れる時、天の扉が開く、天から光が降りてくる■平成２０年がひとつの区切り■平成の御世の行く末2008年から始まる大変革とは？■数霊「２８」は不動係数＝月のリズム■2005年～2007年は、箱洗いの禊の３年間■日本国土そのものが黄金である■地球の経絡は14万4000箇所存在する■神人合一のニュータイプの登場■東京生活者は精神世界の中枢の意味■間脳とは？■聖徳太子の１７条憲法■「１」＝北極星、「７」＝北斗七星■聖徳太子「未来記」に書かれた2020年の秘密とは？■忍者の起源とは？■2020０年、太陽系のすべてが入れ替わる！？■聖徳太子は３人いた！？■聖徳太子が残したユダヤ・カバラ■日本・ユダヤ同祖論■失われた１０部族は、元々日本から派遣された部族だった■世界の王家・王族が用いる「菊」の紋章の秘密■元ひとつ「日本」■イスラエルでは国常立大神を祀っている■「オセロ」に見る「裏が表になる仕組み」とは？■碁盤は宇宙■シリウスは世界中の歴史から封印された■スサとスザの違い■銀河系を作ったのはシリウス■銀河＝シリウス■月はシリウスの人工衛星だった■これからの時代、衣食住をどうするべきか？■イヤシロチを大切に■日本は「皇国」であり「五色人の総体」である■日月神示は「数霊のバイブル」■間脳を刺激する「スメラウタ」＝５・７・７＝１９■その他

『As Above, So Below—上の如く下も然り』～ネオスピリチュアルアセンションⅡ～（当社刊、書籍「ネオスピリチュアルアセンションⅡ」は、当ＤＶＤ作品を基に製作されました）ＧＤ-004
光悠白峰（本作品では白峰由鵬）　エハン・デラヴィ　中山康直　澤野大樹の４名によるジョイントセミナーＤＶＤ
ＤＶＤ３枚組作品　283分収録　15,750円（税込）

■エメラルド・タブレットにまつわる伝説と秘密■すべてはトート神から始まった■大宇宙（マクロコスモス）と小宇宙（ミクロコスモス）■ヘルメス神とは？■宇宙一美人の妻を持つイクナートンの秘密■ティアナのアポロニウス■ダ・ヴィンチ・コードの影響■錬金術について■二元論の交差する“マージング・ポイント”とは？■ニュートンも錬金術師だった！？■アセンションは決しておとぎ話ではない■太陽の１０万年分のエネルギーが１０分の１秒で放たれた史上最大「天の川ガンマ線大爆発」とスマトラ地震■シャーマンについて■ＤＮＡとホログラム・コンピュータ■ＤＮＡコズミック・コード■すべての生命体は“ひとつ”である■バイオフォトンについて■人間は“光”を食べて生きている■異常気象の真の原因■蔵王権現の秘密■国常立命とシヴァ神■■本当の真珠湾は伊勢湾■「２２」の数霊と富士山■富士山と白山神界■伊豆七島と北斗七星■役小角（えんのおづぬ）の働き■神宮大麻暦と松果体の関係■シャンバラとダライラマ■■私はあの時バチカンにいた■ピラミッドの内部崩壊（溶解）が始まった■イタリアのドメインは「ＩＴ」の秘密■インターネットは顕在意識と潜在意識を修行することなく行き来可能とする奇跡のツール■「見える世界と見えない世界」の境界線が曖昧になってきている■宇宙の動向が人間の意識に影響を与え、人間の意識の変容が宇宙の変革を生み出す相互作用■すべては「ダ・ヴィンチ・コード」の世界的ベストセラーから本格的に始まっている■なぜ「モナ・リザ」がマグダラのマリア説？■巨大なピラミッドが内部から自然溶融する■バチカン国旗「ペテロの鍵」の秘密■天国の入り口を開き此岸と彼岸を結ぶ扉の鍵がここにあった■サンピエトロ「ペテロ」の秘密■中国反日運動の行く末■反日教育で失った３０年■５大エレメント信仰とは？■次期ローマ法王■「芯」＝「神」■聖書はすべて暗号で書かれている■宇宙＝「地球内部」説■「触観」とは？■絶対不変のＤＮＡ基礎コード■太陽は水で構成されている！？■世界は「食料」「カネ」「エネルギー」で動いている■ＮＥＳＡＲＡについて■天の岩戸神社■１７の数霊■銀河の渦——アメノミナカヌシ■黄金の法則■本当の“ナショナル・トレジャー”とは？■バチカンと古代エジプト■その他